रज़ा पुस्तक माला

उदयेर पथे-पथे

नृत्यशिल्पी उदय शंकर का जीवनालेख्य

रज़ा फ़ाउण्डेशन | THE RAZA FOUNDATION

उदयेर पथे–पथे

नृत्यशिल्पी उदय शंकर
का जीवनालेख्य

शंकरलाल भट्टाचार्य

छायाचित्र : बिमल मुखोपाध्याय

बाङ्ला से अनुवाद तथा सम्पादन
डॉ. रामशंकर द्विवेदी

राजकमल प्रकाशन

रज़ा पुस्तक माला : **नृत्य-कला** | **जीवनी**
प्रधान सम्पादक : अशोक वाजपेयी | सम्पादक : पीयूष दईया
राजकमल प्रकाशन प्रा.लि. और रज़ा फ़ाउण्डेशन का सह-प्रकाशन

ISBN : 978-93-88753-26-5

मूल्य : ₹395

पहला संस्करण : 2019

प्रकाशक : राजकमल प्रकाशन प्रा. लि.
1-बी, नेताजी सुभाष मार्ग, दरियागंज
नई दिल्ली-110 002

शाखाएँ : अशोक राजपथ, साइंस कॉलेज के सामने, पटना-800 006
पहली मंज़िल, दरबारी बिल्डिंग, महात्मा गांधी मार्ग, इलाहाबाद-211 001
36 ए, शेक्सपियर सरणी, कोलकाता-700 017

वेबसाइट : www.rajkamalprakashan.com
ई-मेल : info@rajkamalprakashan.com

मुद्रक : यश प्रिंटोग्राफिक्स
नोएडा-201 301 (उत्तर प्रदेश)

UDAYER PATHE-PATHE
by Shankar Lal Bhattacharya
Translated & Edited by Dr. Ramshankar Dwivedi

उत्सर्ग

राजीव मुखर्जी और नयनतारा मुखर्जी
एवं
आनन्दी भट्टाचार्य

आमुख

कलाओं में भारतीय आधुनिकता के एक मूर्धन्य सैयद हैदर रज़ा एक अथक और अनोखे चित्रकार तो थे ही उनकी अन्य कलाओं में भी गहरी दिलचस्पी थी। विशेषत: कविता और विचार में। वे हिन्दी को अपनी मातृभाषा मानते थे और हालाँकि उनका फ्रेंच और अँग्रेज़ी का ज्ञान और उन पर अधिकार गहरा था, वे, फ्रांस में साठ वर्ष बिताने के बाद भी, हिन्दी में रमे रहे। यह आकस्मिक नहीं है कि अपने कला–जीवन के उत्तरार्द्ध में उनके सभी चित्रों के शीर्षक हिन्दी में होते थे। वे संसार के श्रेष्ठ चित्रकारों में, २०–२१वीं सदियों में, शायद अकेले हैं जिन्होंने अपने सौ से अधिक चित्रों में देवनागरी में संस्कृत, हिन्दी और उर्दू कविता में पंक्तियाँ अंकित कीं। बरसों तक मैं जब उनके साथ कुछ समय पेरिस में बिताने जाता था तो उनके इसरार पर अपने साथ नवप्रकाशित हिन्दी कविता की पुस्तकें ले जाता था : उनके पुस्तक–संग्रह में, जो अब दिल्ली स्थित रज़ा अभिलेखागार का एक हिस्सा है, हिन्दी कविता का एक बड़ा संग्रह शामिल था।

रज़ा की एक चिन्ता यह भी थी कि हिन्दी में कई विषयों में अच्छी पुस्तकों की कमी है। विशेषत: कलाओं और विचार आदि को लेकर। वे चाहते थे कि हमें कुछ पहल करनी चाहिये। २०१६ में साढ़े चौरानवे वर्ष की आयु में उनकी मृत्यु के बाद रज़ा फ़ाउण्डेशन ने उनकी इच्छा का सम्मान करते हुए हिन्दी में कुछ नयी क़िस्म की पुस्तकें प्रकाशित करने की पहल *रज़ा पुस्तक माला* के रूप में की है, जिनमें कुछ अप्राप्य पूर्व प्रकाशित पुस्तकों का पुनर्प्रकाशन भी शामिल है। उनमें गाँधी, संस्कृति–

चिन्तन, संवाद, भारतीय भाषाओं से विशेषत: कला-चिन्तन के हिन्दी अनुवाद, कविता आदि की पुस्तकें शामिल की जा रही हैं। सभी पुस्तकों पर रज़ा साहब और उनके समकालीन मित्र चित्रकारों आदि की प्रतिकृतियाँ आवरणों पर होंगी।

भारतीय प्रदर्शनकारी कलाओं के आधुनिक इतिहास में उदय शंकर का ऐतिहासिक और स्मरणीय अवदान रहा है। वे अपने समय की एक किंवदन्ती बन गये थे। उन पर सुलिखित और पर्याप्त सामग्री, दुर्भाग्य से, कम है। परम्परा की समझ और उसका पुनराविष्कार उनके नवाचार का अनिवार्य अंग था। इस नृत्यशिल्पी का जीवनालेख्य शंकरलाल भट्टाचार्य ने बहुत जतन से तैयार किया है और हमारे आग्रह पर उसका मूल बाङ्ला से हिन्दी में अनुवाद वरिष्ठ विद्वान्, साहित्यकलाप्रेमी और अनुवादक डॉ. रामशंकर द्विवेदी ने किया है। एक गौरवस्थानीय नृत्यशिल्पी पर यह दुर्लभ सामग्री *रज़ा पुस्तक माला* के अन्तर्गत प्रस्तुत करते हुए हमें प्रसन्नता है।

अशोक वाजपेयी

दिसम्बर २०१८, नयी दिल्ली

निवेदन

शंकरलाल भट्टाचार्य

इस पुस्तक का प्रकाशन एक बहुत बड़ी घटना है। इसके पीछे स्वाति गंगोपाध्याय (सुनील गंगोपाध्याय की पत्नी-अनुवादक) की बहुत बड़ी भूमिका है। एक दशक पहले मुझे अकस्मात् एक दिन फ़ोन कर उन्होंने कहा, तुमने तो 'शंकर परिवार'[१] को लेकर बहुत से काम किये हैं, उदय शंकर पर एक काम करोगे?

मैंने उनसे यह जानना चाहा था कि यह काम किस तरह का है?

उन्होंने उत्तर दिया—मेरी एक बान्धवी के पास फ़ोटोग्राफ़ों का एक अपूर्व कलेक्शन है। ये फ़ोटोग्राफ़ उदय शंकर के नृत्य कार्यक्रमों के ऊपर खींचे गये हैं। क्या तुम उन्हें देखना चाहोगे?

कहना नहीं चाहिए, एक शाम को उस बान्धवी—अनुराधा मुखोपाध्याय के गोलपार्क स्थित घर में उन सब छबियों को देखते-देखते मैं तो अवाक् रह गया। उदय शंकर के शुरुआती दौर के यूरोपीय टूर से सम्बन्धित वे सब आश्चर्यजनक छबियाँ थीं। केवल छबियों में ही सीमित रह जाने वाले एक युग एवं एक क्षणजन्मा पुरुष की अक्षय कीर्ति की कैसी निपुण गाथा थी उनमें। पता लगा कि ये फ़ोटोग्राफ़ अनुराधा के ससुर महाशय ने खींचे थे। वे एक विख्यात भू-पर्यटक थे, उनका नाम है, बिमल मुखोपाध्याय। इसके भी एक दशक पहले बिमल बाबू का देहान्त हो चुका है। उनके इस अमूल्य छबि-भण्डार को सहेजकर रखे हुए हैं उनके पुत्र सिद्धार्थ और पुत्रवधू अनुराधा।

मैंने उन्हें एक बार में ही बता दिया कि यह पुस्तक मैं लिखूँगा।

तो फिर, पुस्तक बनाने का मतलब है उसे लिखना, किन्तु इस प्रकार और उस समय के तथ्य कहाँ हैं? फिर उदय शंकर पर कोई कम तो लेखन हुआ

१. रविशंकर, अमलाशंकर, अन्नपूर्णा शंकर आदि को लेकर। —अनुवादक

नहीं है, किन्तु, वे सब कतरनें, क्लिपिंग्स ब्रोशर आख़िर हैं कहाँ? इसके ऊपर इस तथ्य का पता लगा कि अधिकांश रचनाओं में भावुकतापूर्ण बातें, जनश्रुतियाँ अधिक हैं, उस अर्थ में तथ्य बहुत ही कम हैं। फल यह हुआ कि खो चुके तथ्यों को तलाश करना शुरू कर दिया। अपनी पुस्तक को शुरू करने में वैसी कोई समस्या नहीं थी—कारण बिमल बाबू के भ्रमण वृत्तान्त 'दू चाकाय दुनिया' में कुछ अपूर्व रसद पहले से ही विद्यमान थी। काम शुरू होने के बाद उदय शंकर से जुड़े तथ्यों की छानबीन करने का ज़रूर मुझे एक नशा लग गया था, इसीलिए छबियों की कहानी के साथ संगति बनाये रखने योग्य इतिहास, वार्ता, अनेक छोटे-मोटे प्रसंग जानकारी में आते ही उनका इस काम में उपयोग किया जा सके। मैंने इन्हें काम में लाने का प्रयास किया है। सिर्फ़ मुझे यह ख़याल रखना पड़ा है कि जो भी लिखूँ वह बिमल बाबू की तस्वीरों का पूरक हो।

'उदयेर पथे' (उदय शंकर के पथ पर) पुस्तक 'सानन्दा' पत्रिका में धारावाहिक रूप से प्रकाशित हुई थी और इसे पाठकों की भावपूर्ण प्रशंसा मिली थी। बिमल मुखोपाध्याय के जन्म शताब्दी वर्ष पर पुस्तक प्रकाशित होने के कारण हमें विशेष सन्तोष भी था। और अब पुस्तकाकार में प्रकाशित 'उदयेर पथे' मेरे जैसे बहुतों के लिए एक आनन्द का भी कारण बन गयी है।

मुझे सबसे ज़्यादा कृतार्थ किया है हम सबके प्रिय कवि और लेखक सुनील गंगोपाध्याय ने इस पुस्तक की एक अपूर्व भूमिका लिखकर। इस पुस्तक के लिखने के पीछे उनकी स्त्री स्वाति की तरह सुनील दा का भी उत्साह काम करता रहा है। इस पुस्तक के वही दो अभिभावक हैं। इसके प्रच्छद पट पर एक असाधारण चित्रांकन के द्वारा एक अन्य ऊँचाई दे दी है इस पुस्तक को शिल्पी सुव्रत चौधरी ने, उन्हें धन्यवाद देने योग्य भाषा मेरे पास नहीं है। पुस्तक का लेआउट, डिज़ाइन बनाकर कृतज्ञ बना लिया है डिज़ाइनर्स फोरम फोर ने। फिर प्रदीप साहा को क्या धन्यवाद दूँ, किसी भी महत्त्वपूर्ण पुस्तक के प्रकाशन का जब भी प्रस्ताव दिया, उन्होंने तुरन्त हामी भर दी और उस योजना में बड़ी तत्परता से संलग्न हो गये, उन्हें प्रेम के अलावा और कुछ देने को मेरे पास है ही नहीं।

—शंकरलाल भट्टाचार्य

भूमिका

भारतीय भू पर्यटकों में बिमल मुखोपाध्याय एक असाधारण चरित्र है। दुःसाहसी, मनमौज़ी और बाधा–बन्धनहीन। १९२६ ईसवी में एक साइकिल लेकर देश छोड़कर निकल पड़े थे। उसके बाद मरुभूमि, पहाड़ और अनेक अरण्यों को पार करते हुए, कई बरसों तक यूरोप के इस कोने से उस कोने तक घूमते रहे थे। वे सब रोमांचकारी कहानियाँ उनकी पुस्तक 'दू चाकाय दुनिया' में व्यक्त हुई हैं। यह ग्रन्थ बाङ्ला भ्रमण साहित्य में क्लासिक ग्रन्थ का गौरव पाने योग्य है।

सिर्फ़ भ्रमण का ही नशा नहीं, बिमल मुखोपाध्याय में एक विदग्ध व्यक्ति, अनेक विषयों के प्रति उनका आग्रह था। और स्थिर क़ैमरे से फ़ोटो खींचने में उन्हें असाधारण दक्षता प्राप्त थी। उन सब तस्वीरों को दिखाकर और उन पर भाषण देकर वे अपने प्रवास–जीवन में जीविका अर्जित किया करते थे। उसी सूत्र से बहुत विख्यात एक व्यक्ति के साथ उनका परिचय हो गया। उन्हीं में एक भारतीय नृत्य–शिल्पी के साथ बिमल मुखोपाध्याय के परिचय और बन्धुत्व ने एक इतिहास की रचना कर डाली।

पेरिस में भारतीय देवी–देवियों के एक नृत्य अनुष्ठान का पोस्टर देखकर कौतूहलवश टिकिट लेकर बिमल मुखोपाध्याय हॉल में घुस पड़े। वहाँ पर कृष्ण की भूमिका में उदय शंकर नाम का एक भारतीय युवक और राधा की भूमिका में एक फ्रांसीसी तरुणी थी। वहाँ जिस बन्धुत्व का सूत्रपात हुआ, उसके बाद से ही उन दोनों ने एक साथ बिताये कई वर्ष, बिमल मुखोपाध्याय ने अपने इस मित्र के कार्यकलाप, शिल्प–रचना, नृत्य–दल का निर्देशन यह सब देखा तो किन्तु, देखा क़ैमरे की आँखों से। वे

फ़ोटोग्राफ़्स जिस तरह से यथार्थ थे, वैसे ही थे कलात्मक।

लंदन के रॉयल कॉलेज़ ऑफ़ आर्ट्स से चित्रकला में सम्मानित स्नातक जो युवक हुआ था, उसके जीवन की गति परिवर्तित हो गयी एक घटना से। विख्यात शिल्पी सर रोटेंस्टाइन के प्रिय शिष्य, उदय शंकर की तो एक चित्रकार होने की ही बात थी, किन्तु वह चला गया नृत्य शिल्प के जगत् में। विश्वविख्यात नर्तकी अन्ना पावलोवा असाधारण देह-सौष्ठव के अधिकारी उदय शंकर को देखकर इतनी मुग्ध हो गयी कि एक तरह से ज़बरदस्ती उन्हें खींच ले गयी अपने नृत्य-दल में। उसके बाद शुरू हो गयी दोनों लोगों की सम्मिलित विजय यात्रा। उसके बाद एक समय ऐसा आया जब उदय शंकर ने पावलोवा का दल छोड़कर भारतीय दर्शन, नृत्य-कला, मन्दिर स्थापत्य मूर्ति शिल्प का गम्भीर अध्ययन कर अपना निजी नृत्य-दल तैयार कर, पूरी तरह से नयी शैली और उपादानों से जो नृत्य अनुष्ठान शुरू किये, उन्होंने यूरोप में एक तरह की आँधी उठा दी। उस समय बहुत से लोग उदय शंकर को मानने लगे एक भारतीय देवता। उस समय की अमूल्य तस्वीरों को खींचकर रखा था बिमल मुखोपाध्याय ने।

कुछ वर्ष पहले बर्लिन में एक बार भारत उत्सव में वहाँ के संस्कृति भवन में भारत के अनेक दर्शनीय स्थानों और विख्यात व्यक्तियों के फ़ोटोग्राफ़ की एक प्रदर्शनी हुई थी। वहाँ पर घूमते-घूमते मैंने एक कोने में एक छोटी-सी छबि देखी, उदय शंकर की, उस फ़ोटो के नीचे परिचय में लिखा हुआ था, डांसर, ब्रदर ऑफ़ रविशंकर। उसे देखकर मुझे लगा था, हाय, काल के नियम से कितना कुछ अप्रत्याशित रूप से बदल जाता है। इस समय यूरोप उदय शंकर को भूल गया है, अब उनका परिचय हो गया है रविशंकर के दादा, यद्यपि उन्नीस सौ तीस-चालीस के दशक में जो यूरोप को रौंदते हुए घूमे थे, जो सिर्फ़ नृत्य-शिल्पी या निर्देशक ही नहीं, जिसने भारतीय संस्कृति का एक असाधारण रूप विश्व सभा में उपस्थित किया था, उनका किशोर भाई। (रविशंकर—अनुवादक) उस समय दल के एक मामूली सदस्य के रूप में दल के साथ घूम रहा था। उदय शंकर की स्मृति इस समय भारत में भी बहुत कुछ धुँधली हो गयी है, कितने लोग उन्हें याद रखे हुए हैं, 'कल्पना' जैसी व्यतिक्रमी फ़िल्म के एक स्रष्टा के रूप में?

मनमौज़ी बिमल मुखोपाध्याय ने अपना भ्रमण का नशा समाप्त कर देश

वापस आकर व्यवसाय और व्यापार में मन लगाया, उदय शंकर से भी फिर उन्होंने वैसा सम्बन्ध नहीं रखा। उदय शंकर और उनके दल से सम्बन्धित उन्हीं सब मूल्यवान् तस्वीरों को उन्होंने एक बक्से में बन्द कर रख दिया, और इस बात को किसी को बताया भी नहीं। उनकी मृत्यु के बाद दैववश उनके वंशधरों की दृष्टि में वह सब संग्रह (फ़ोटोग्राफ़) आ गया। बिमल मुखोपाध्याय के बेटे सिद्धार्थ एवं उनकी पुत्रवधू अनुराधा को मैं काफ़ी दिनों से पहचानता हूँ। अनुराधा एक समय मेरी छात्रा भी रह चुकी है।

अत्यन्त व्यक्तित्व सम्पन्न और गम्भीर बिमल मुखोपाध्याय को भी मैंने कई बार देखा है। उन विस्मृत फ़ोटोग्राफ़ों को एक बार अनुराधा ने मुझे दिखाया। देखकर मैं तो चौंक पड़ा था। उन छबियों की कलात्मकता और उनका ऐतिहासिक मूल्य पहचान लेने में मुझे जरा भी देरी नहीं हुई। किन्तु, तभी मैंने समझ लिया था कि इन छबियों का सदुपयोग करना मेरे लिए सम्भव नहीं है, इसके साथ ही मुझे याद आ गये शंकरलाल भट्टाचार्य। शंकरलाल से मेरा परिचय भी तो कोई कम दिनों का नहीं है। मैं उनका गुणग्राही भी हूँ। जैसा उनका साहित्य-बोध और साहित्य-सर्जन है, वैसा ही उनका संगीत, नृत्य-कला के बारे में अगाध ज्ञान है। उन्होंने रविशंकर की जीवनी लिखी है, शंकर परिवार के साथ वे ख़ूब घनिष्ठ रहे हैं। वही इन तस्वीरों के प्रति न्याय कर सकते हैं।

शंकरलाल के साथ मेरा जो सम्बन्ध रहा है उसी का सुन्दर परिणाम यह रचना है। शंकरलाल का एक बड़ा गुण यह है कि किसी भी तथ्यों से भरी रचना को भी वे सरस और सुपठनीय बना सकते हैं। और एक गवेषक की निष्ठा के साथ विषय से सम्पृक्त होकर तत्कालीन इतिहास से जुड़े तथ्यों, उपादानों का भी संग्रह कर सकते हैं। यह पुस्तक भी उन सब उपादानों से उज्ज्वल है। पुस्तक पढ़ते-पढ़ते द्वितीय विश्वयुद्ध के पूर्ववर्ती यूरोप के कुछ शुद्ध खण्ड-खण्ड दृश्यों की हमें जानकारी मिल सकती है, कितने विश्वविख्यात स्त्री-पुरुषों ने उदय शंकर को दुनिया के श्रेष्ठ नर्तक की आख्या से भूषित किया था, जेम्स ज्वायस जैसा लेखक भी उदय शंकर का नृत्य अनुष्ठान देखकर ख़ूब मुग्ध हो गया था। जिस उदय शंकर को उस ज़माने में कई लोग देवता मानते थे, शंकरलाल ने उन्हें चित्रित किया है रक्तमाँस के एक मनुष्य के रूप में। उदय शंकर के शुरुआती दौर की

जीवन-संगिनी सिमकी की अनिन्द्य सुन्दर कान्ति बिमल मुखोपाध्याय के क़ैमरे की जिन तस्वीरों में सुरक्षित है, शंकरलाल की लेखनी ने भी उसे वैसा ही जीवन्त चित्रित किया है।

सब इतनी इतनी अच्छी छबियों और शंकरलाल की अनवद्य रचना से समृद्ध यह पुस्तक हमारी संस्कृति के एक विशेष अध्याय की विश्वस्त दलील के रूप में चिरकाल रहेगी। पाठक-पाठिकाओं के लिये भी इसका आकर्षण दुर्निवार होगा।

—सुनील गंगोपाध्याय

क्रम

१

यह है एक अलोक सामान्य पुरुष के बारे में एक और असाधारण पुरुष द्वारा रचित वृत्तान्त, जिसे उसके क़ैमरे ने बोलकर लिखवाया है। साइकिल लेकर भूपर्यटन को निकल पड़ा एक दु:साहसी, सुदर्शन बंगाली युवक, जिसने एक दिन सहसा पेरिस के एक कन्सर्ट हॉल में खोज निकाला एक साक्षात् बंगाली देवता को। बंगाली देव पुरुष उसके दस बरस पहले से ही क्रमशः प्रसिद्ध हो रहा था पाश्चात्य देशों में, चूँकि उसने भारतीय देव-देवियों को लेकर नृत्य-रचना की और उसकी प्रस्तुति भी की इसलिए उसे भी एक हिन्दू देवता मानने का प्रचलन हो गया था उस देश में; पेरिस में जिस पोस्टर को देखकर युवा पर्यटक ने उसका नृत्य देखने के लिए टिकिट ख़रीद लिया था, उस पोस्टर के इन दो वाक्यों ने उसकी दृष्टि आकर्षित कर ली थी—

> Dance of Hindu Gods & Goddesses by the wonder dancer Uday Shanker

उदय शंकर के नृत्य एवं नर्तक, शिल्पी को रक्तमाँस के रूप में (१९३५) देखने के पचास वर्ष बाद पहली बार भारतीय भूपर्यटक बिमल मुखोपाध्याय ने अपने 'दू चाकाय दुनिया' भ्रमणोपाख्यान में कबूल किया है कि पहली शाम के नृत्य दर्शन से वे उच्छ्वसित होकर वैसी प्रशंसा उदय शंकर की नहीं कर सके थे। उदय की बान्धवी और प्रेरणादायी एलिस बोनार बिमलबाबू का शिल्पी से परिचय कराने के लिये स्टेज के पीछे ले गयी थी। उदय शंकर की अभ्यर्थना और उनका व्यवहार देखकर बिमल बाबू को ऐसा लगा था जैसे वे उनके एक आत्मीय स्वजन हैं। आप से पहले सम्बोधन में ही कैसे तो पहली बातचीत में ही 'तुम' पर उतर आये थे उदय शंकर।

उदय शंकर पहले ही किसी से सुन चुके थे बिमलबाबू की दुनिया में दौड़ लगाने की कथा। नृत्य-दल के शिल्पी तिमिरवरण, विष्णुदास शिराली, तीनों भाई—देवेन्द्र, राजेन्द्र और रवीन्द्रशंकर (उस समय भी रवीन्द्रशंकर थे रविशंकर) के साथ परिचय करा देने के बाद बिमल बाबू को दूसरे दिन फिर अपना नृत्य देखने और एक साथ रात्रि भोजन पर आमन्त्रित किया और नाच देखने की तैयारी के लिए शायद एक दिन के लिए एक पुस्तक उधार दी। वह पुस्तक आनन्द कुमार स्वामी द्वारा किया गया नान्दिकेश्वर के 'अभिनय दर्पण' का अँग्रेज़ी अनुवाद, द मिरर ऑफ़ जेस्चर' (इस पुस्तक की भूमिका लिखी थी रोमाँ रोलाँ ने। और १९१७ में इस पुस्तक के प्रकाशित होने के बाद पश्चिमी जगत ने भारतीय नृत्यावली की एक परिष्कृत धारणा बनानी शुरू की थी।) तीसरे दशक के प्रारम्भ में वसन्तकुमार राय ने अपने 'उदय शंकर द मेन एण्ड हिज़ आर्ट' शीर्षक स्मरणीय प्रबन्ध में लिखा था कि 'द मिरर ऑफ़ जेस्चर' ने जिस तरह से यूरोप, अमेरिका को भारतीय नृत्य-कला के बारे में इतना उद्ग्रीव बना दिया था कि इससे वास्तव में इस नृत्य-धारा के विश्वविकास के लिए एक नृत्य युगावतार की आवश्यकता महसूस की जाने लगी थी। इज़ाडोरा डंकन को लेकर जिस तरह से यूरोप में प्राचीन ग्रीक नृत्य का फिर पुनर्जन्म हुआ था ठीक वैसे ही भारतीय नृत्य के नवजागरण का ऋत्विक होना पड़ा था उदय शंकर को।

बिमल मुखोपाध्याय उसी रात कुमारस्वामी की पुस्तक पढ़ डालते हैं और उन्मीलित अनुभूति को लेकर दूसरे दिन उदय शंकर के नाच में पुनः चले जाते हैं, और दूसरे दिन उनका नृत्य देखकर उन्हें जो अभिज्ञता हुई उससे वे उदय शंकर के चिरकाल के लिए भक्त हो जाते हैं। अनुष्ठान के अन्त में पुस्तक वापस देने के लिए वे ग्रीन रूम में गये, और नृत्यशिल्पी उदय

शंकर को नृत्यजात अपनी अनुभूति के बारे में भी बताया, और उसके बाद उन्होंने उदय शंकर और उनके नृत्यदल 'कम्पनी ऑफ़ हिन्दू डान्सर्स एण्ड म्यूजीशियंस' के काफ़ी फ़ोटो भी खींचे। और शुरू हो गया एक अपूर्व सख्य, सम्भ्रम और मनोरंजक सम्पर्क। बिमलबाबू ने अपने भूपर्यटन के नौ बरसों में (१९२६-१९३७) भाषण देकर और तस्वीरें खींचकर तथा उन्हें बेचकर अपने भोजन आदि का ख़र्चा जुटाया था। किन्तु उदय शंकर के साथ विलायत देश में घूमते हुए अपनी अनोखी असंख्य चित्रमाला का उन्होंने जो भण्डार बनाया उसके पीछे डॉलर अथवा पौंड जैसी किसी भी चीज़ का कोई प्रलोभन नहीं था, न विदेशी पत्र-पत्रिकाओं में उनके नाम से समाचार निकलने का ही कोई आकर्षण था, प्रलोभन-रहित आनन्द और अनुराग के अलावा कुछ नहीं था। क्या पता उनके मन में डॉ. जॉनसन रूपी उदय शंकर का बोसवेल होने की कोई गहरायी में छिपी हुई सुप्त वासना हो (जैसाकि इस चित्रावली के अक्षय वैचित्र्य और सौन्दर्य को देखकर लगता है।) सम्भवत: क़ैमरा के साथ वे उनके बोसवेल (Boswell) होना चाहते थे।

यह हमारा सौभाग्य है कि बिमल मुखोपाध्याय वह हो सके थे। इस ग्रन्थ में प्रयुक्त उनकी चित्रावली उदय शंकर के श्रेष्ठ फ़ोटोग्राफ़-समूह के अन्तर्गत आती है। क़ैमरा और हाथ की निपुणता के अलावा भी इनमें गम्भीर प्रेम और प्रेक्षण के हस्ताक्षर मौजूद हैं। बन्धुत्व और नैकट्य होते हुए भी बिमल बाबू उदय शंकर के अतिमानवीय कद व महत्त्व के प्रति पूरी तरह से सजग और सचेत बने रहे हैं। १९३५ ईसवी में जब इन सब फ़ोटोग्राफ़ों का खींचना शुरू हुआ था, तब तक उदय शंकर पूरी तरह से उदय शंकर हो चुके थे, १९२३ ईसवी में न्यूयार्क के 'मेनहटन ऑपेरा' से अन्ना पावलोवा के साथ राधाकृष्ण बेले के द्वारा जिस रूपकथा की

शुरुआत हुई थी मानो उसी का चरम मुहूर्त आ गया था १९३५ के टूर में। उदय के पथ का अनुसरण करते हुए मध्यगगन में दीप्त उदय को बिमल मुखोपाध्याय ने जिस तरह से चित्रित और तथ्यपूर्ण ब्यौरा देकर जिस दायित्व का पालन किया है, यह एक इतिहासकार जैसा दायित्व था। इतने दिनों तक अप्रकाशित रही इन सब छबियों का प्रकाशन भी एक यथार्थ ऐतिहासिक घटना ही है।

उदय शंकर से भेंट और उनके चित्र खींचने के कई दिन बाद और एक अद्‌भुत व्यक्ति के साथ बिमल मुखोपाध्याय का परिचय घटित हुआ। लंदन में रॉयल ज्युग्राफिकल सोसाइटी के एक अधिवेशन में मि. श' नामक एक भद्रलोक के साथ उनका परिचय हो गया था। साइकिल से रेगिस्तान पार करते हुए आये हैं, यह सुनकर अरबी भाषा में ही उस व्यक्ति ने इनसे बातचीत शुरू की थी। बाद में उस व्यक्ति ने अपने डोरसेट में स्थित अपने घर आने का आमन्त्रण दिया था। नियमानुसार अपनी विश्वस्त साइकिल पर बैठकर उस ठिकाने पर पहुँचकर देखा कि 'श' एक ओवर-कोट पहने कलौंच से लथपथ एक मोटरसाइकिल ठीक कर रहे हैं। बिमल बाबू को देखते ही उन्हें भीतर ले जाकर कॉफ़ी पिलाकर लम्बी अड्डेबाजी पर बैठ गये। इसके कई दिन बाद, १९ मई, शाम के अख़बार को खोलकर देखा कि उनका थोड़े समय का मित्र मि. 'श' उसी दिन सवेरे एक मोटरसाइकिल दुर्घटना में मर गया है। पूरा इंग्लैण्ड शोक से विमूढ़ हो गया था, देश ने अपने एक महानायक को खो दिया था। 'श' नाम धारण किये पादप्रदीप के प्रकाश से थोड़ा हटकर खड़े होना, जनसाधारण में घुलने-मिलने वाला मनुष्य, वह एक और अद्वितीय लारेन्स ऑफ़ अरब था।

१९३५ ईसवी का ज़माना कैसा था? डिकेन्स के उपन्यास की भाषा में अगर कहा जाय तो वह सबसे अच्छा और सबसे बुरा दोनों था। (It was the best of times, it was the worst of times) नाजियों की बढ़ती हो रही थी, यहूदियों पर अत्याचार हो रहे थे, और कुछ बरसों में ही दूसरा विश्वयुद्ध होने वाला था। मुसोलिनी की फौज आक्रमण कर रही थी यूथोपिया पर, और रुपहले पर्दे पर फ़िल्म दिखायी जा रही थी, मार्क्स ब्रदर्स की फ़िल्म 'ए नाइट एट द ऑपेरा' और ग्रेटा गार्वो की फ़िल्म 'अन्ना केरिनिना'। और दूसरे वर्ष १९३६ में पूरा संसार देख रहा था चार्ली चैपलिन की फ़िल्म 'मॉडर्न टाइम्स'। उसी के साथ हिटलर की सेना द्वारा राइनलैण्ड पर अधिकार।

वार्सावा और लोकार्नो सन्धि के तहत राइनलैण्ड तब तक किसी भी फौज की उपस्थिति से रहित था। नाटक के लिए वह समय उत्साहवर्धक था। कारण, १९३४ में नाटककार पिरानो दोल्ला लुइजी साहित्य का नोबेल पुरस्कार पाने के बाद १९३६ में यह पुरस्कार प्राप्त किया अमेरिकी नाटककार यूजीन ओ नील ने। शिल्पकला का लगभग नया दिगन्त खुल जाता है मॉंद्रियाँ के विख्यात नाटक 'कम्पोजीशन्स इन रेड एण्ड ब्लू' के प्रकाशित होते ही, यद्यपि गर्म बहस शुरू हो जाती है, नात्सियों द्वारा पतनप्राय कलाकृतियों की पहचान वाली कलाकृतियों की प्रदर्शनी के द्वारा (Degenerate art)। चैपलिन के 'मॉडर्न टाइम्स' के साथ-साथ और भी दो चलचित्र उस समय अर्थात् १९३६ में रिलीज़ हुए, एक तो फ्रित्स लॉ की फ़िल्म 'फिउरी' और एक अचरज भरी सुन्दरी और प्रतिभाशाली का पहली बार किये गये अभिनय से समृद्ध फ़िल्म 'इंटरमेत्सो'। इसी तरुणी को समय आने पर विश्व पहचानता है 'इनग्रीड बर्गमेन' के रूप में।

१९३६ को स्मरणीय बना दिया कृष्णवर्ण धावकों में वीर जेसी वेन्स ने हिटलर की नाक के नीचे से चार स्वर्ण पदक जीतकर (बर्लिन ओलम्पिक्स) अर्थशास्त्र के विश्व दर्शन में एक वैशाखी आँधी की तरह आ गयी जोन मेनार्ड केइनोज की कीर्ति, द जनरल थिअरी ऑफ़ एम्प्लायमेंट, इंटरेस्ट एण्ड मनी'; दर्शनशास्त्र में ए.जे. एअर की एक अपूर्व देन', 'लेंग्वेज़, ट्रुथ एण्ड लॉजिक' पुस्तक। और विश्व के संकट एवं अपनी मृत्यु के पास आकर सिग्मण्ड फ्रायड ने लिख डाली अपनी आत्मकथा। १९२२ ईसवी में 'द डिक्लाइन ऑफ़ द वेस्ट' (पश्चिम का पतन) लिखकर जिस ओसवाण्ड स्पेंगलर ने दुनिया को नयी दृष्टि से विचार करने को मजबूर कर दिया था, उसकी मृत्यु हो गयी १९३६ ईसवी में। अपने ग्रन्थ में उसने अपना मत प्रतिपादित करते हुए लिखा था कि इतिहास का निर्माण जैविक विकास-धारा की तरह होता है और सारी संस्कृतियों को नियति द्वारा निर्धारित मृत्यु में निःशेष होना पड़ता है। उसने और भी लिखा था पाश्चात्य संस्कृति की इस समय गोधूलि वेला है, बहुत शीघ्र वह भौतिकता के द्वारा छिन्न-भिन्न हो जायेगी।

१९३५ ईसवी में उदय शंकर की 'हिन्दू नृत्य-कला' से पूरी तरह से जो वश में हो जाता है लंदन, पेरिस, बर्लिन, वियेना, बुदापेस्ट, तुरीन, जिनेवा, रोम क्या इसका बहुत कुछ कारण यूरोप का यह रोमांचकर परिवेश नहीं

है? उदय के नृत्य के माध्यम से यूरोप ने क्या भारत के कला-दर्शन, कला कैवल्य के आविष्कार के साथ-साथ उसकी आत्मा के भी दर्शन किये थे? १९३५ के सफ़र पर निकलने के दो-एक बरस पहले इसी तरह के कुछ प्रश्नों के उत्तर में नृत्यशिल्पी उदय शंकर ने 'द इलस्ट्रेटिड वीकली ऑफ़ इण्डिया' के साथ एक साक्षात्कार में (२५ जून, १९३३) गर्व और विनय से मिश्रित वाणी में कहा था—"I am dancing the life of the people and their gods". मैं व्यक्तियों के जीवन और उनके देवताओं का नृत्य कर रहा हूँ। उन्होंने इसके साथ यह भी कहा था कि दैहिक हावभाव, करतब और तकनीक तो पश्चिमवासियों ने बहुत देखी है, मेरे नृत्य में उन्हें आत्मा के दर्शन होंगे।

उदय शंकर के नाच में पाश्चात्य वासियों ने क्या देखा उसकी एक स्मरणीय स्वीकृति उसी समय रोने दोमाल के एक अविस्मरणीय प्रबन्ध में व्यक्त हुई है। रिपोर्ताज, सुन्दर पर्यवेक्षण, सौन्दयबोध, दर्शन और विस्मय से मिश्रित उस प्रबन्ध का एक उद्धरण दिये बिना मैं नहीं रह पा रहा हूँ :

> The beauty of these musicians and dancers of their instruments of their very attitude, of sustained attentions, of continual reality, as well as of their accurate and yet most real harmony of their costumes, the truth of all that the complete absence of scenery, that marching, sonorous splendour, that dance which moves and that moving music which exactly fills the duration signifying eternal immobility; all that marvel. I still believe, sometimes, to have dreamed it only, as one dreams of an ancient country of wiser and more beautiful people, as one dreams of a golden age.

अर्थात् इन संगीतकारों, नर्तकों और वाद्ययन्त्रों, उनकी संहत एकाग्रता की प्रवृत्ति, सतत वास्तविकता की अभिव्यक्ति, इसके साथ-साथ सटीक और उनके वस्त्राभूषणों की सबसे बढ़कर सामंजस्यपूर्ण संगति, इन सबके सौन्दर्य और इस सच्चाई के साथ कि दृश्यावलियों की पूर्ण अनुपस्थिति, झंकार और मधुरभव्यता पूर्ण उनके पद-निक्षेप के साथ गतिमय नृत्य जैसे-जैसे आगे बढ़ता है वैसे-वैसे बढ़ता संगीत जो कालावधि में पूरी तरह व्याप्त होता हुआ एक शाश्वत गतिहीनता और स्थितिशीलता को व्यंजित करता जाता है। इन सबके वैचित्र्य को देखकर, अभी भी मुझे ऐसा

विश्वास होता जाता है कि जैसे मैं किसी प्राचीन देश का सपना देख रहा होऊँ, जो देश चतुर, विवेकवान और सुन्दर प्राणियों से भरा हो, मुझे ऐसा लगता है जैसे कोई व्यक्ति स्वर्ण युग का सपना देख रहा हो।

ठीक उसी समय अपनी अन्तिम महत् कीर्ति 'फिनीगन्ज वेक' लिखने के ब्याज से उदय का नृत्य भी देख डाला जेम्स ज्वायस ने और उस सम्बन्ध में अपनी बेटी को लिखे एक पत्र में उन्होंने लिखा :

> I send you the programme of the Indian dancer Uday Shankar. If he ever performs at Geneva don't miss going there. He leaves the best of the Russians far behind. I have never seen anything like it. He moves on the stage like a semi-divine Being Altogether, believe me, there are still some beautiful things in this poor old world.
>
> अर्थात् "मैं तुम्हें भारतीय नर्तक उदय शंकर के नृत्य-अनुष्ठान का एक कार्यक्रम भेज रहा हूँ। अगर वह कभी जिनेवा में नृत्य का प्रदर्शन करता है तो उसे देखने जाना मत भूलना। वह अपने नृत्य-प्रदर्शन में रूस के उत्तम-से-उत्तम नर्तकों को पीछे छोड़ जाता है। मैंने अपने जीवन में ऐसा अद्‌भुत नृत्य-प्रदर्शन कभी नहीं देखा। वह मंच पर ऐसे पद-संचार करता है जैसे वह कोई अधिदेवता हो। मुझ पर पूरा विश्वास करो इस बेचारे पुराने पड़ गये संसार में आज भी कुछ चीज़ें वास्तव में सुन्दर हैं।"

जेम्स ज्वायस की आँखों में भी उदय शंकर एक अधिदेवता तुल्य थे। इस देवात्मा के प्रभाव से आच्छन्न बिमल मुखोपाध्याय ने १९३५ ईसवी में अपने फ़ोटोग्राफ़ के द्वारा उन्हें चित्रित कर उस शिल्पी का उत्सव मनाया। एक भूपर्यटक ने एकाएक अपने भ्रमण मानचित्र से हटकर धूप-छाया भरे कन्सर्ट हॉल में आना-जाना शुरू कर दिया। हिन्दू नर्तक दल के इन सब सभा-भवनों ने देवालयों या मन्दिरों का चेहरा प्राप्त कर लिया था। उदय के नृत्य की तरह बिमल का चित्र खींचना भी उत्तरोत्तर रहस्यमय हो उठा था।

सत्तर वर्ष बाद उन सब छबियों पर लिखने बैठने पर ऐसा लग रहा है जैसे वे सब छबियाँ अनन्त की तरह समय और आयुहीन हैं।

|| २ ||

उदय शंकर से जब स्टेज के पार्श्व भाग में बिमल मुखोपाध्याय मिलने गये थे, उसी रात को उनका पहली बार परिचय हुआ सिमकी से। अपने भ्रमण-वृत्तान्त में बिमल बाबू ने लिखा है : ''पहले दिन और एक कलाकार व्यक्ति के साथ मेरा परिचय हुआ था। उसका नाम था सिमकी। वह फ्रांस देश की लड़की थी। उदय शंकर के प्रशिक्षण की वजह से उसने अपूर्व भारतीय नृत्य अच्छी तरह सीख लिया था। सिमकी पियानो भी अच्छी तरह बजाना जानती थी।''

सिमकी का अपूर्व भारतीय नृत्य देखकर ही बिमल बाबू शान्त नहीं हो गये; उन्होंने उदय शंकर की नायिका के रूप में जिस तरह से उसका दस्तावेज़ीकरण किया है, वह एक शब्द में अत्यन्त अपरूप और अनुपम है। उसके मंच पर अवतीर्ण होने के कुछ दिनों में ही सिमकी को कट्टर समालोचक भी क्यों न हो, मूर्तिमती राधा, सती अथवा पार्वती मानने लगे थे, उसके शुद्ध और सटीक हस्ताक्षर इन सब चित्रों में विद्यमान हैं। उदय शंकर द्वारा निर्मित पूर्णतः दृश्यपटहीन (रेने दोमाल ने जिसे बड़े आदर के साथ लक्षित किया था—The complete absence of scenery) मंच पर नियन्त्रित प्रकाश में बिमल बाबू ने उदय और सिमकी की जो असंख्य छबियाँ खींची थीं उनमें नायक-नायिका जीवन्त रूप में तो आविर्भूत होकर निकल ही आते हैं, वे कभी-कभी उन्हीं सब तस्वीरों में गतिशील मूर्तियाँ ही लगने लगते हैं। लंदन के रॉयल कॉलेज़ ऑफ़ आर्ट्स में विलियम रोटेंस्टाइन के प्रिय और कृती छात्र उदय शंकर की नृत्यावलियाँ असल में प्राचीन भारतीय भास्कर्य और प्राच्य देश के चरित्रों के रूप बिम्बों के आधार पर बनायी गयी थीं। मंच पर उदय शंकर और सिमकी

को देखना ऐसा लगता था जैसे हम चित्रों को देख रहे हों। कभी-कभी ऐसा ही लगता था। अन्ना पावलोवा तो उदय शंकर को अजन्ता के भित्तिचित्रों से उतरकर जैसे सशरीर धरती पर आ गये हों ऐसा मानती थी; बिमल बाबू द्वारा खींची गयी छबियों को देखकर हमारी भी कुछ-कुछ धारणा होती है कि उदय शंकर ने किस तरह एक फ्रांस देश वासिनी बेले नर्तकी को एक बार ही एक भारतीय मूर्ति में निर्मित कर दिया था। फ्लैशरहित, कारीगरीविहीन, अतिरिक्त साज-सामान के बिना बिमल बाबू की इस फ़ोटोग्राफ़ी का मुख्य सम्बल थी उदय शंकर की अतुलनीय, प्रायः अलौकिक नृत्य परिकल्पना, दृश्यमान ढाँचा और स्टेज का फ्रेम।

फिर भी उदय शंकर की इन सब कम्पोजीशनों का सूत्र और प्रेरणा को समझने के लिए हमें दसेक बरस पीछे जाना पड़ेगा, जब उनका नृत्य-दल नहीं बना था, वे चित्रकला का जगत त्यागकर पूरी तरह नृत्य में निमग्न नहीं हुए थे, यद्यपि उन्हें एक नृत्य-सहचर के रूप में पाने के लिए उदग्रीव बनी हुई थी, पाश्चात्य बेले की साम्राज्ञी अन्ना पावलोवा। वह क़िस्सा सचमुच में रोमांचकर है।

१९२३ ईसवी में उदय शंकर ने पेंटिंग में ऑनर्स के साथ पास की बी.ए. की परीक्षा रॉयल कॉलेज़ ऑफ़ आर्ट्स से, इसके बाद लंदन की आर्ट्स गैलरी की एक प्रदर्शनी में उनकी दो-दो छबियाँ पुरस्कृत हुईं—उनमें एक तो आत्म-प्रतिकृति थी, और दूसरी छबि का विषय था रात। उदय ने उसका नाम रखा था 'नोकतूर्ण'।

उदय के इंग्लैण्ड में पढ़ने आने के कई वर्ष पहले से ही पूरे परिवार को वाराणसी में रखकर विलायत में रहते थे उनके पिता पण्डित श्यामशंकर चौधरी। बैरिस्टर, कूटनीतिज्ञ, अनेक शास्त्रों के ज्ञाता एवं संगीतज्ञ श्यामशंकर ने १९१४ से लेकर १९२३ ईसवी के बीच, कुछ भारतीय नाटकों, नृत्य और संगीत के अनुष्ठानों का लंदन में आयोजन किया था। उनके अन्तिम दौर के कुछ कामों में पुत्र उदय शंकर का विस्तृत अवदान था—संगीतज्ञ और विशेष रूप से एक चित्रकार के रूप में। रॉयल कॉलेज से चित्रांकन की डिग्री पाने के बाद, तरुण उदय को एकाएक ऐसा लगने लगा था कि वे जीवन के एक मोड़ पर आकर खड़े हो गये हैं, जहाँ से दो रास्ते दो दिशाओं में मुड़ गये हैं—एक रास्ता जाता है चित्रांकन, स्टूडियो और गैलरियों की ओर; एक नृत्य, रिहर्सल रूम और कन्सर्ट हॉल की ओर।

और उसी समय उनका परिचय घटित हुआ ब्रह्म समाज के नेता केशवचन्द्र सेन की पुत्रवधू के साथ, जो सेन परिवार में विवाह करने के बाद लंदन-प्रवासी होने के पहले थी कलकत्ता के पाइकपाड़ा की रानी मृणालिनी। पहले पति की मृत्यु के बाद अपूर्व रूपसी इस नारीवादी महिला ने पुनः विवाह करने के बाद विलायत में अपनी घर-गृहस्थी बसायी थी।

इन्हीं श्रीमती सेन के माध्यम से ही उदय शंकर का परिचय हुआ अन्ना पावलोवा के साथ। पावलोवा उन्हीं दिनों सुदूर पूर्वी देश और भारत का सफ़र समाप्त कर हाल ही में लंदन लौटी थी और उसके पूरे दिमाग़ में भारत का रूपरस तथा नृत्यगान की सुगन्ध भरी हुई थी। कोवेंट गार्डनर के रॉयल ऑपेरा में होने वाले अगले अनुष्ठान के लिये उसने भारतीय विषयों पर आधारित एक या दो बेले की परिकल्पना की थी। और उसी सन्धिक्षण में उसके सामने आकर खड़े हो गये साक्षात् श्रीकृष्ण के रूप में, उदय शंकर। उन्हें देखते ही पावलोवा को ऐसा लगा जैसे अजन्ता में चित्रित किसी देवता ने मानव शरीर धारण कर लिया हो। उन्होंने उदय को अपने राधा-कृष्ण वाले बैले में कृष्ण बनने का प्रस्ताव दिया। और उस नृत्य की कल्पना और उसके निर्माण का दायित्व भी उन्हीं को सौंप दिया। इसके बाद भी उदय को लेकर एक अद्‌भुत खींचतान शुरू हो गयी—उदय शंकर के शिक्षक सर विलियम रोटेंस्टाइन और अन्ना पावलोवा के बीच। उदय चित्रांकन छोड़कर नृत्य करेगा यह सुनकर उन्होंने श्यामशंकर से भेंट कर कहा—"पावलोवा मुझसे मेरे एक अत्यन्त समर्पित और सम्भावनाशील छात्र को छीने ले रही है। मेहरबानी कर उसे ऐसा करने से रोकिये।"

श्यामशंकर ने उस महिला से जैसे ही यह बात कही वैसे ही उसका मिज़ाज आसमान को छूने लगा, किन्तु उसने अपने आपको सम्हाल कर कहा—कृपा कर मेरे विशिष्ट बन्धु सर विलियम को जाकर कहिए कि नृत्य के उपयुक्त उदय जैसा देह-सौष्ठव उसने अपने पूरे जीवन में भी नहीं देखा है—किसी भी देश में। ईश्वर करे ऐसा शरीर किसी चित्रकार अथवा मूर्तिकार को न दे। फिर उन्हें ऐसे शरीर की ज़रूरत भी नहीं है। नृत्य के जगत् में उदय का प्रवेश नृत्य माध्यम को भी समृद्ध करेगा। ना, ना उसे नृत्य करना ही होगा, हिन्दू नृत्य की हृदयवार्ता वह दुनिया के पास पहुँचा देगा। रवीन्द्रनाथ ने भारत की कविता के लिए जो किया है, अवनीन्द्रनाथ ने जो किया है भारत की चित्रकला के लिये, मैं चाहती हूँ उदय शंकर वही

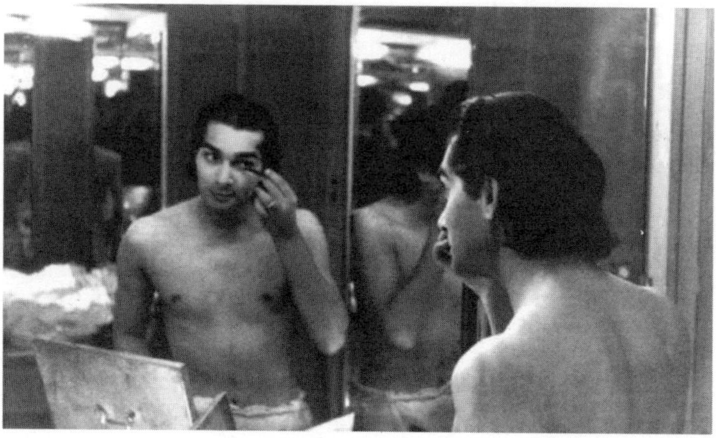

करे भारतीय नृत्य के लिये।

श्यामशंकर के पावलोवा की ये सब बातें सर विलियम को बता देने के बाद शिल्प गुरु ने काफ़ी क्षोभ के बाद शिष्य के इस निर्णय को मान लिया। कुछ समय में ही उदय और पावलोवा का राधा–कृष्ण बैले मंच पर प्रदर्शित हुआ। १९२३ ईसवी में न्यूयार्क के मेनहटन ऑपेरा हाउस में राधा–कृष्ण बैले का प्रथम मंचन देखकर अभिभूत हुए वसन्त कुमार राय ने अन्ना पावलोवा को जाकर साधुवाद दिया, उस ज़माने की किंवदन्ती प्रतिम नर्तकी पावलोवा ने उनसे कहा था कि साधुवाद के लिये आपको अनेक धन्यवाद, महाशय। फिर भी, कृपा कर इस नृत्य के लिए साधुवाद और धन्यवाद उदय को जाकर दीजिये। कारण, यह नृत्य उसी की रचना थी। हिन्दू नृत्य और गायन के सम्बन्ध में कुछ–कुछ बातें मैंने आपके कलकत्ता शहर की बहुत बड़ी गायिका ग़ौहरजान से सीखी हैं, किन्तु इस बैले में आपने जो–जो देखा है उसका सब कुछ मैंने उदय शंकर से सीखा है। इस बैले में उन्होंने मुझे नृत्य सिखाया है, अन्य बैले कलाकारों को उन्होंने प्रशिक्षण दिया है। वस्त्र–परिधानों आदि की परिकल्पना की है, दृश्यपट का निर्माण किया है। एक शब्द में अन्ना पावलोवा का बैले हुआ भारत के उदय शंकर की कीर्ति।

अन्ना पावलोवा के साथ उदय शंकर का नृत्य–जीवन एक विभोरता में बीता था। यश, अर्थ, सम्मान किसी में भी कमी नहीं पड़ी थी, हिन्दू नृत्यशिल्पी धीरे–धीरे एक हिन्दू देवता के रूप में ख्यात हो गया था; यद्यपि हृदय के किसी कोने में कहीं एक वेदना का भी अँधेरा था। एक नृत्य की सीमा में हाँफ रही थी उन दिनों उदय की अन्तरात्मा, वे चाहते थे असंख्य नृत्यों के माध्यम से भारत की नृत्य शैली, मूर्तिकला और चित्रकला को विस्तार देना। और उसके माध्यम से अपनी चेतना की मुक्ति प्राप्त करना। अर्थ, यश और समादर से क्लान्त होते–होते सहसा एक दिन पावलोवा की बैले कम्पनी, लंदन का निवास स्थान और सफल जीविका को छोड़कर पेरिस में जाकर अपना डेरा जमाया उदय शंकर ने। और शीघ्र ही उन्हें पता चला कि किस तरह से एक दुर्भेद्य दरिद्रता की दीवाल उनके चारों ओर सिर उठाकर खड़ी हो रही है। एक तरह से उदय का दूसरा छात्र–जीवन शुरू हो गया।

उदय के चार–चार वर्ष कट गये पाठागारों, पुस्तकों, चित्रों और स्वप्नों में,

नृत्य-परिकल्पनाओं में। एक दिन उन्होंने नृत्य देखा मूर्त्ति और चित्रकला में; १९२८ ईसवी में, पेरिस में, वे अपने मन और हाथ से गढ़े गये जिस नृत्य को लेकर अवतीर्ण हुए उसके द्वारा ट्रेडीशन (परम्परा) और इण्डिविजुअल टेलेण्ट (वैयक्तिक प्रतिभा) दोनों के मिश्रण से एक सम्पूर्ण, स्वाधीन, नृत्यविधा का आविर्भाव हुआ—जिसे आख्या दी गयी उदय शंकर का नृत्य।

१९३५ में बिमल मुखोपाध्याय ने उदय शंकर और सिमकी के नृत्य के जब फ़ोटोग्राफ़ खींचे थे, उस समय वह नृत्य काँच की गोली की तरह सुडौल, त्रुटि-रहित और अपरूप था। कल्पना ही नहीं की जा सकती है कि नृत्यविन्यास की उम्र मात्र सात बरस है और उसी में उदय शंकर एक चलते-फिरते इतिहास किंवा एक जीवन्त किंवदन्ती हो गये। बिमलबाबू ने उसी किंवदन्ती की मंचमहिमा क़ैमरा में क़ैद करने के साथ-साथ मनुष्य उदय शंकर को भी अनेक परिवेशों में खोजा है। कभी ग्रीन रूम में जब नृत्यशिल्पी अपना मेकअप कर रहे हैं अथवा पेरिस के पास फंत्यानोब्लो घूमने के समय ऐतिहासिक प्रतिमाओं के नीचे राजकीय मुद्रा में खड़े हुए अपना पोज दे रहे हैं।

बिमल मुखोपाध्याय द्वारा खींची गयी उदय शंकर की चित्रावली का एक बहुत बड़ा गुण यह है कि वे फ़ोटोग्राफ़ पाश्चात्य जगत में नायक हो उठे नृत्यशिल्पी के समय और समाज को धीरे-धीरे निर्मित करने में सहायता करते हैं। उन तस्वीरों में जिस तरह से विलायती पोशाक में चित्रांकन में निमग्न उदय हैं, ठीक उसी तरह से जोधपुरी सूट में अपनी विदेशिनी बान्धवी के साथ उदय पेरिस के कॉफ़ी हाउस में भी मिल सकते हैं। बिमल बाबू की विस्तृत उदय चित्रावली में मात्र एक फ़ोटो में 'कम्पनी ऑफ़ हिन्दू डान्सर्स एण्ड म्यूजीशियन्स' के साथ उनकी अपनी तस्वीर है; वह भी सम्भवतः उनके अनजाने में खिंच गयी है। पेरिस के होटल के उस दृश्य में उदय शंकर और सिमकी के साथ तिमिरवरण, कनकलता, देवेन्द्र, राजेन्द्र के साथ किशोर रवीन्द्र शंकर भी हैं। विलायती पोशाक में होते हुए भी सिमकी के मुखमण्डल से एक अपूर्व भारतीय आभा विकीर्ण हो रही है। एक विनयभरी, लज्जापूर्ण स्निग्धता। और उदय शंकर की चितवन में कहीं एक उदासीभरी प्रसन्नता है।

उदय शंकर और सिमकी के नृत्य-रसायन को लेकर इतने दिनों में कोई

कम नहीं लिखा गया है, फिर भी उनके नृत्य की सफलता का रहस्य एक रहस्य ही बना रह गया है। आज सत्तर वर्ष से भी अधिक समय हो जाने के बाद भी उदय-सिमकी की जोड़ी को लेकर मनुष्य का कौतूहल क्यों एक ही मात्रा में बना हुआ है, इसका थोड़ा संकेत बिमल मुखोपाध्याय द्वारा खींची गयी तस्वीरों में है। मंच पर उदय और सिमकी हर पार्वती की भूमिका में उतरते ही, वे लोग हर पार्वती का अभिनय नहीं करते थे, वे लोग हर-पार्वती ही हो जाते थे। मंच पर उन्हें एक पल के लिए देखने पर यह साफ़ समझ में आ जाता था कि वे एक-दूसरे के प्रेम में पूरी तरह निमग्न हैं। फिर वे चाहे रासलीला में अभिनय कर रहे हों, शिवपार्वती के नृत्यद्वन्द्व में हों अथवा फसल कटाई का नृत्य कर रहे हों अथवा 'निराशा' शीर्षक नृत्यनाटिका में नृत्य-रत हों। उस समय के नृत्य-अनुष्ठानों में उदय और सिमकी एकल नृत्यों का जो प्रदर्शन करते थे वे थे क्रमशः 'कार्तिकेय' और 'वसन्त' के। राधा-कृष्ण और शिव-पार्वती के दैव-चरित्रों के अभिनय के बीच-बीच में सामान्य नर-नारी के वेश में वे लोग मंच पर एक भिन्न ही स्वर ला देते थे 'निराशा' नाच में।

तीसवें दशक के प्रारम्भ में जब उदय शंकर स्वयं ही क्रमशः अन्तरराष्ट्रीय हो जाते हैं—क्या ख्याति, क्या पेशादारी और गुणमान में—वे सिमकी को

भारतीय बना देने के प्रति उतने ही सक्रिय हो गये। भारतीय साहित्य, दर्शन और शिल्प में अपनी नायिका को दीक्षित कर लिया, भारत को प्रत्यक्ष रूप से जानने के लिये कलकत्ता की अली-गली और राजपथ पर उसे लेकर घूमते रहे। सिमकी के लिये उनका सहज निर्देश यह था कि सिर्फ़ भारतीय देवी-देवताओं जैसा होने भर से काम नहीं चलेगा, वास्तव में भारतीय होना पड़ेगा।

१९३५ ईसवी में केवल यूरोप ही नहीं भारत का भी असामान्य भ्रमण किया था उदय शंकर और उनके दल ने। अमेरिका में जब कई महफ़िलों में उन्हें प्रस्तुत किया था अन्ना पावलोवा, इज़ाडोरा डंकन, फिउदोर शालियापिन, अलेक्जेंडर ग्लाजुनोव, मेरी विगमेन, विचेन्ते एकसकूदेर के इम्प्रेसरिउ सोल हिडरोक ने उस समय भारत में उनके एकमात्र प्रस्तुतकर्त्ता थे हरेन घोष। उस बार कलकत्ता के एम्पायर थियेटर के अनुष्ठान में वे रवीन्द्रनाथ को विशिष्ट अतिथि के रूप में ले आये थे। अनुष्ठान के अन्त में उदय शंकर को कवि ने माला पहना दी थी और इसके कुछ दिन बाद उनका फिर नृत्य देखा था शान्ति निकेतन के छोटे-से मंच पर। दूसरी भेंट के अगले दिन २५ आषाढ़ १३४० के एक पत्र में घूर्जटि प्रसाद मुखोपाध्याय को रवीन्द्रनाथ ने लिखा था—

> सफलता का रूप देखने के पूर्व प्रत्याशा का पूर्व रूप देखने को मिलता है—उसी रूप को कल रात देखकर मुझे बड़ी ख़ुशी हुई—अब भी जो अनागत है, उसके उद्देश्य से माला पहनाना चल ही सकता है। मेरी माला वसन्त के शेष समय की माला है, इसका प्रयोजन भी अब समाप्त हो गया है—उदय शंकर की नृत्य-कला किशोरी है, उसने माघ की हवा में अभी अपनी ओढ़नी उड़ायी है, मेरे गले में जो माला अतिरेक है उसके गले में वही माला सोहती है। दे सकने पर मन ख़ुश हो जाता है।

३

पेरिस में नृत्य-जीवन के पहले दौर में उदय शंकर को कैबरे शो के अखाड़ों अथवा वैसे ही वातावरण में नृत्य करना पड़ा था। उस समय उनके नृत्य विषयक आइटमों में रहती थी अस्त्र-पूजा, नृत्य, हिन्दू नृत्य एवं भिस्ती। उनके घोर प्रतिवाद पर भी कभी-कभी यहाँ-वहाँ उन्हें विज्ञापित किया जाता था प्रिंस शंकर कहकर।

शुरुआत में कुछ दिन उदय की नृत्य सहचरी थी पावलोवा का दल छोड़कर आयीं दो बहनें एडिलेड एवं सोकी। तीसरी और एक स्त्री थी जो उदय के साथ काफ़ी समय तक नाची थी। उसका नाम था मिशेल दामूर। फिर इसी मिशेल के माध्यम से उदय का परिचय हुआ और एक महिला के साथ, जिसने इसके बाद प्राय: बीस बरस एक आश्चर्यजनक भूमिका निभायी उनके जीवन में—उसका नाम है सिमोन बारविये। उदय ने प्रेमवश जिसका नाम रखा था सिमकी।

उदय से जब उसका परिचय हुआ तब उसकी उम्र थी सोलह वर्ष। अपनी माँ की ही तरह सिमोन का बड़ा सुन्दर हाथ था पियानो में—उसने बैले नृत्य भी सीख लिया था इज़ाडोरा डंकन की एक फ्रांसीसी शिष्या जॉन रोंसे से। उदय ने पेरिस में जब अपना निवास स्थान बनाया यही जॉन रोंसे उनके पास भारतीय नृत्य शैली में तालीम लेने आयी और उसी के साथ एक दिन अकस्मात् आकर उदय के साथ परिचित हुई सिमोन। सिमोन का पियानो बजाना सुनकर ख़ूब आह्लादित हो गये थे उदय, और उस समय भी उनका कोई नृत्य-दल नहीं था, नियमित संगत करने योग्य कोई वाद्यकार न होने के कारण उन्होंने सिमोन को ही उनका संगी (संगत करने

वाला) होने का प्रस्ताव दिया। सिमोन बारविये तुरन्त राजी हो गयी एवं प्रोग्राम में पियानो बजाने के अन्तराल में उदय की अपरूप नृत्यभंगिमाओं का अनुकरण करना भी उसने शुरू कर दिया। उसके लिये यह अनुकरण उन दिनों नितान्त अनुकरण भर था, शौक़वश करना, किन्तु उदय ने महसूस किया कि इस लड़की के भीतर नृत्य की प्रभूत सम्भावनाएँ हैं और उस नृत्य की भाषा सचमुच में काव्यात्मक है। परिणाम यह हुआ कि पियानो बजाना सिमोन का रद्द हो गया, वह उदय शंकर की नृत्य-संगिनी को थुड़ी मारकर राधा हो गयी। उदय ने उसका नाम रखा सिमकी। उदय शंकर के जीवनीकार मोहन खोकर ने अपनी 'हिज डांस, हिज लाइफ़ अ पोर्ट्रेट ऑफ़ उदय शंकर' पुस्तक में लिखा है—

> Shankar gave Simone the name Simkie the two remained in tendem for nearly twenty years.
>
> And created dance history.

शंकर ने सिमोन का नाम सिमकी रख दिया। दोनों एक साथ बीस वर्ष तक रहे और इस प्रकार नृत्य का एक इतिहास रच डाला।

उदय के संस्पर्श में आकर सिर्फ़ सिमकी ही नहीं बदल गयी, बल्कि उसने अनुप्राणित उन्मत्त उदय शंकर को भी असम्भव की सीमा तक बदल दिया था। सिमकी के प्रेम में पड़ने से पहले जो लोग उदय को पहचानते थे, वे उदय के इस परिवर्तन को नज़रअन्दाज़ नहीं कर सके। साहसी तो वे पहले से ही थे, किन्तु, सिमकी के साथ जोड़ी बनाने के बाद एक गम्भीर आत्मविश्वास आ गया उनके नृत्य में, जीवनधारा में, उनके व्यक्तित्व में। मंच के हर-पार्वती ही मानो मर्त्यधूलि के घास-घास में उतर आये। जिसे देखकर उन्हें दैव प्रेरित बिना माने रहा नहीं जा सकता था। ऐसा लगता था वे एक-दूसरे के लिये ही धरती पर आये हैं। कोई कल्पना भी तब नहीं कर सकता था कि इस जोड़ी का सख्य, प्रेम बन्धन भी एक दिन टूट सकता है। विशेष रूप से १९३५ में बिमल मुखोपाध्याय द्वारा खींची गयी तस्वीरों में उनकी उपस्थिति और नज़दीकी में जो माधुर्य हम देखते हैं, वह एक परीकथा जैसा है, क्षेत्र और समय की दृष्टि से एक पूर्ण प्रेम है।

१९३५ में उदय शंकर का कैसा चेहरा और व्यक्तित्व था? देखने का अर्थ है, अगर विश्वास किया जाय तो बिमल मुखोपाध्याय के फ़ोटोग्राफ़ों से

हम बहुत कुछ प्रकाश प्राप्त कर सकते हैं। और उस समय के नृत्यशिल्पी को पास से, सामने से, जिन्होंने देखा है वही विख्यात इम्प्रेसरिउ सोल ह्यूरोक ने अपनी आत्मकथा 'एस ह्यूरोक प्रजेण्ट्स' में लिखा है :

> मेरे लिये वह था दुबला-पतला, सामान्य मनुष्य से कुछ कम ऊँचाई का एक भद्र, नम्रभाषी युवा, जो अपने व्यक्तित्व में कुछ विराट चाञ्चल्य धारण किये हुए नहीं था। फिर भी दर्शक मण्डली में उपस्थित महिलाओं की दृष्टि से देखने पर मुझे ऐसा लगा कि वह मंच पर छह फुट की ऊँचाई का व्यक्ति लगता है। उसके दल के सभी—विशेषकर दल की महिलाएँ, आकार में इतनी छोटी थीं कि उनके बीच में वही सबसे बड़ा था।

> उसके शरीर की नापजोख, प्रपोर्शन एकदम त्रुटिरहित था; इसके ऊपर एक चिकनी, सोनाली त्वचा के नीचे मसृण पेशियों का विन्यास। उसकी वह ऐतिह्य को वहन करने वाली पोशाक की बहार उसकी ऊँचाई को बड़े सूक्ष्म भाव से बढ़ी हुई दिखती थी। उसके दोनों स्कन्धों को और भी चौड़ा कर देती थी। और उसके चेहरे को मनोहारी, बलिष्ठ और वीर्यशाली बना देती थी। उसमें एक तरह का जो यौन आकर्षण काम करता था वह तो मेरे मन में कभी आया नहीं किन्तु, बाक्स ऑफ़िस के विवरण में निरन्तर उसी की घोषणा की जाती थी।

वह जब टूर पर निकलता था तो वहीं स्त्रियों की फौज उसके पीछे लग जाती थी, वही लोग उसके नृत्य हॉल को भर देती थीं, कहाँ तक कहें, इससे चमत्कारपूर्ण व्यवसाय जम जाता था।

१९३२-३३-३४-३५ वर्षों में पश्चिमी दर्शकों के ऊपर उदय शंकर की उपस्थिति और उनके व्यक्तित्व का प्रभाव कैसा था, इसका एक छोटा-सा उदाहरण एक घटना के रूप में बीच-बीच में दिया जाता रहा है, यहाँ पर उसे एक बार फिर सुन लिया जाय। छोटी घटना यह है।

१९३२ ईसवी में उदय शंकर के नृत्य की महफ़िल साल्बुर्ग में थी। शो समाप्त हो जाने के बाद भी हर्षध्वनि समाप्त नहीं हो रही थी। उदय शंकर बार-बार स्टेज पर आते और तालियों के उत्तर में सिर झुकाकर उन्हें नमस्कार करते। फिर जब विंग्स में लौट जाते तालियों का ज्वार उन्हें फिर खींच लाता। एक समय भर्राये गले से, अभिभूत शिल्पी किसी तरह से दो शब्द कह सका, 'थैंक यू'।

उससे सामने की पंक्ति में बैठी एक भद्र महिला तो ताज्जुब में पड़ गयी। उसके ओठों से मात्र दो शब्द निकल पड़े, 'ही स्पीक्स' अर्थात् यह बोलता भी है। वह भद्रमहिला उस समय भी विभोरावस्था में थी—उसे शिव अथवा इन्द्र के रूप में देख रही थी।

उदय शंकर और सिमकी के सम्पर्क के प्रारम्भ से ही नायक के जीवन में और भी एक विदेशिनी का प्रवेश घटित हुआ था—स्विस चित्रकार और मूर्तिकार एलिस बोनार का। बिमल मुखोपाध्याय जब पहली बार टिकिट कटाकर उदय शंकर का नाच देखने गये थे पेरिस में तब इसी भद्रमहिला ने हॉल के फायर में खड़े-खड़े पूछा था कि वे कौन हैं एवं क्या वे कोई भारतीय वाद्ययन्त्र बजाना जानते हैं या नहीं। बाद में नाच समाप्त होने के बाद यही एलिस बोनार ही बिमल बाबू को ले जाकर उदय शंकर के साथ परिचय कराती है। बिमल बाबू ने अपनी स्मृति कथा में लिखा है, उदय शंकर ने जो आज दुनिया भर में नाम किया है उसकी नींव इसी महिला ने डाली थी।

जिन तीन विदेशिनी महिलाओं के संस्पर्श से उदय शंकर उदय शंकर हुए थे इनमें से तीनों से मिलने और जानने का सुअवसर बिमल मुखोपाध्याय को हुआ था। सिमकी और एलिस बोनार का प्रसंग तो इसी बीच में आ

ही गया है, तीसरी महिला- परम सुन्दरी और लावण्यमयी वियाद्रिस स्ट्रेट के प्रसंग पर बाद में आऊँगा, क्योंकि वह विशद रूप से वर्णन करने जैसी एक प्रेम कहानी है।

उदय शंकर से भेंट होने के पहले से ही एलिस बोनार के दिमाग़ पर भारतवर्ष छाया हुआ था। हेवेल, कुमार स्वामी, सिमार आदि की पुस्तकें पढ़कर चित्रकला और प्रतिमा विज्ञान की छात्रा एलिस भारत जाऊँ-जाऊँ कर रही थी। उसी बीच १९२६ में जूरिख में उदय शंकर का नाच देखकर मन्त्रमुग्ध हो गयी एलिस, उसकी धारणा बन गयी उदय के शरीर में चित्र और पत्थर की प्रतिमाओं का नये-नये रूप में रोज़ आविर्भाव हो रहा है। उसने उदय के कई स्कैच बनाये, और उनकी कई नृत्य भंगिमाओं के आधार पर मिट्टी के कई मॉडल बना डाले। इसके बाद १९२९ ईसवी में पेरिसं में फिर दोनों लोगों की तब भेंट हुई जब सिमकी के साथ युगल नृत्य कर रहे थे उदय। उदय ने उसी समय उससे उसके लम्बे समय से पोषित स्वप्न के बारे में बातचीत की थी—भारत से संगीतकारों का दल लाकर पाश्चात्यवासियों के समक्ष भारतीय नृत्य का सूक्ष्म रूप और उसके सुर को प्रस्तुत करना। एलिस बोनार सिर्फ़ उत्साह देकर ही नहीं रुक गयी, वह उदय के साथ भारत आयी और भारत के ग्राम-गंज, मन्दिरों, गुफाओं में घूम-घूमकर इनके चित्र भी बनाये। वे भारत जाने के लिये जहाज पर बैठे थे ४ जनवरी, १९३० को। भारत के मन्दिरों में घूमते-घूमते केरल के गुरुवायूर के एक मन्दिर उत्सव में पहली बार कथकलि नृत्य देखकर भौचक्के रह गये थे उदय शंकर। बाद में उन्होंने कहा था—

> जो कुछ देखा है उस पर विश्वास नहीं कर पा रहा था। इस तरह के नृत्य को बिना जाने, बिना देखे मैं अपनी कल्पना में लाता जा रहा था। कथकलि की टेकनीक भी देखी, वह मेरे द्वारा निर्मित नृत्य की रीति और पद्धति से मिलती-जुलती है। वह कैसे घटित हुई, मैं नहीं जानता हूँ। इसलिए तत्काल मेरे मन में विचार आया कि अगर मुझे किसी शिक्षागुरु की शरण में जाना पड़े तो उसे कथकलि का कलाशिल्पी होना होगा। मेरी उस शिक्षा का उद्देश्य होगा उस नृत्य को आयत्त करना नहीं, उसे यथार्थ रूप में समझना।

१९३० में उदय और एलिस के भारत भ्रमण का शिक्षा की दृष्टि से मूल्य था वर्णनातीत, किन्तु एक पूरे नृत्यदल को बनाकर यूरोप की दौड़ लगाने

के लिए उपयुक्त अर्थ की व्यवस्था सम्भव नहीं हो सकी। सपना सपना ही रह जायेगा, ऐसी आशंका जब सिर उठा रही थी, तब एलिस ने ही पूरे ख़र्चे की जिम्मेदारी लेने का प्रस्ताव उदय के सामने रखा।

१९३१ ईसवी की शरत् ऋतु में पेरिस में एक्सपोजिसियाँ कोनियल, दुनिया के अनेक उपनिवेशों की सम्पत्ति और ऋद्धि की प्रदर्शनी का उद्घाटन हुआ। उसमें उदय शंकर के दल को १६ अनुष्ठान करने का भार सौंपा गया था। इस प्रदर्शनी में भारत के एक प्रतिनिधि अक्षयकुमार नन्दी का सोने के आभूषणों का एक स्टॉल था। वह भद्रपुरुष अपने इस पेरिस-भ्रमण में साथ में लाया था अपनी ग्यारह वर्ष की कन्या अमला को। उस अमला ने देश में रहते समय उदय शंकर का नाम इतना अधिक सुना था कि उससे उसके मन में यह धारणा बन गयी थी कि वह कोई सफ़ेद दाढ़ी-मूँछ वाला प्रसन्न वृद्ध पुरुष होगा, रवीन्द्रनाथ की तरह। किन्तु सामने खड़े हुए दैव सौन्दर्योगग पुरुष को देखकर वह किंकर्तव्यविमूढ़ हो गयी। बाद में उसी दिन की उस अमला ने स्वीकार किया था :

> मेरी तब तक नृत्य के सम्बन्ध में कोई धारणा थी ही नहीं। किन्तु, शिव ताण्डव तथा अग्निपूजा नृत्य देखकर मैं पागल हो गयी। नृत्य इतना सुन्दर और स्वर्गीय हो सकता है यह मैंने पहली बार उसी दिन समझा। और उसी दिन की उसी अभिज्ञता से मैं नृत्य के प्रेम में पड़ गयी।

अमला बाद में उदय शंकर के प्रेम में पड़ गयी और १९४२ में इनका विवाह हो गया। उन दिनों अल्मोड़ा में उदय शंकर का शिक्षा केन्द्र स्थापित हो चुका था और अपूर्व शृंखला के साथ नृत्य का ध्यान, गवेषणा और

अभ्यास, अनुशीलन चलता रहता था। उस एक ही वर्ष में उदय शंकर और अमला का (८ मार्च) को विवाह हुआ तथा कामेश्वर सहगल और जोहरा मुमताज का (१४ अगस्त) और उसके १० दिन पहले (४ अगस्त को) सिमकी और प्रभात गंगोपाध्याय का विवाह हुआ। उदय को न पाकर भग्नहृदय सिमकी ने प्रभात से विवाह कर लिया और सेन्टर छोड़ कर चली गयी, और विस्मृति के अतल गह्वर में विलीन हो गयी।

१९७७ ईसवी में रविशंकर के साथ लंदन में बैठकर जब मैं 'राग-अनुराग' लिखने के काम में लगा हुआ था उसी समय उदय शंकर ने अपनी देह का त्याग किया था। रविशंकर ने 'मेरे दादा' शीर्षक एक असामान्य संस्मरण लिखा था 'आनन्द बाज़ार' पत्रिका के लिये। सिमकी उन दिनों इंग्लैण्ड के वाथ शहर में एकान्त में रह रही थी, स्मिथ नामक एक व्यक्ति की गृहिणी के रूप में। रविशंकर से पूछने पर पता लगा कि उस भद्र महिला ने शंकर परिवार के साथ किसी भी सदस्य के साथ फिर कोई सम्बन्ध रखा ही नहीं। परिणाम यह हुआ कि स्वयं को ही काफ़ी प्रयास के बाद सिमकी का फ़ोन नम्बर प्राप्त करना पड़ा। उद्देश्य था उदय शंकर के बारे में स्मृतियों के कुछ टुकड़े मिल जायें। अगर ज़रूरत पड़ी तो वाथ चला ही जाऊँगा।

स्वप्न की उस नायिका ने जब फ़ोन उठाया तब मैंने बड़ी अनुनय-विनय के बाद बड़ी मुश्किल से अपना एक परिचय खड़ा किया। इस पर उसने कहा—बोलिये क्या कहना है?

उत्तर में मैंने कहा—उदय शंकर अब इस दुनिया में नहीं हैं। आज ही उनका देहावसान हुआ है। यह सुनने के बाद कोई आवाज़ नहीं, कोई प्रतिक्रिया नहीं, कोई शब्द नहीं—फ़ोन पर व्याप्त थी एक विराट स्तब्धता। पूरे तीन मिनट तक। ऐसा लगा संसार के दीर्घतम मौन में जैसे दबा हुआ हूँ। डर भी लग रहा था कहीं उसने फ़ोन तो नीचे नहीं रख दिया है।

तीन मिनट की उस चुप्पी के बाद सिमकी की आवाज़ पुनः सुनायी दी—जो कुछ सुना है कृपाकर इसके आगे आप मुझसे कुछ पूछेंगे नहीं। आप को पता है कि उदय मेरे लिये क्या थे। मैं फ़ोन रख रही हूँ। आप मुझे क्षमा करेंगे।

इसके बाद उसने जो कुछ कहा उसे लिखते समय पता नहीं क्यों मेरे

दिमाग़ पर छा गया राजेश्वरी दत्त का गाया वही गीत, वही रवीन्द्र संगीत, जिसे समाचार पत्र की कॉपी में भी उद्धृत किये बिना रह नहीं सका—

> किछुई तो होलनि।
> सेई सब—सेई सब—सेई हाहाकार रव,
> सेई अश्रुवारिधारा हृदय वेदना!!
> किछुते मनेर माझे शान्ति नाहि पाई,
> किछुइ ना पाइलाम जाहा किछु चाईं।
> भालो तो गो वासिलाम, भालवा-सा पाइलाम,
> एखनो तो भालवासि—तबुओ की नाई॥

अर्थात्—जीवन में कुछ भी तो नहीं हो सका। वही हाहाकार की ध्वनि, वही अश्रुधारा, वही हृदय की वेदना, किसी भी तरह से मन को शान्ति नहीं मिलती है, जो कुछ चाहा, उसमें से कुछ भी तो नहीं मिला। अरे मैंने ख़ूब तो प्यार किया और पाया भी तो ख़ूब था और आज भी ख़ूब प्रेम करती हूँ फिर भी क़ुछ नहीं है।

४

बिमल मुखोपाध्याय ने अपने भ्रमण वृत्तान्त में लिखा है कि उदय शंकर के माध्यम से ही मेरा परिचय और बन्धुत्व हुआ था वियाट्रिस स्ट्रेट के साथ। यह वियाट्रिस स्ट्रेट थी रवीन्द्रानुरागी हितवादी पुरुष लेओनार्ड एलमहार्स्ट की स्त्री डोरेथी के पहले विवाह की कन्या। रवीन्द्रनाथ के साथ लेओनार्ड का पहला परिचय हुआ था अमेरिका के संयुक्त राष्ट्र में, जब यह तरुण अँग्रेज़ वहाँ के कर्नेल विश्वविद्यालय में एग्रीकल्चर पढ़ रहा था। इस युवक के उत्साह उद्दीपन और विचारों से मुग्ध होकर रवीन्द्रनाथ ने उसे शान्तिनिकेतन आकर उनकी योजना को साकार करने का आमन्त्रण दिया। उसके अनुसार १९२१ में शान्तिनिकेतन आ जाते हैं एलमहार्स्ट और श्रीनिकेतन की उन्होंने नींव डाली और कवि के सहयोगी बने।

इसी श्रीनिकेतन के ढाँचे के अनुसार एक असाधारण संस्थान रिचार्ड और डोरेथी एलमहार्स्ट ने खड़ा कर दिया था इंग्लैण्ड के डेवनशायर में। नाम रखा गया था, डार्टिंग्टन हॉल। डार्टिंग्टन हॉल है एक विशाल, विस्तृत जमींदारी में स्थित एक मध्ययुगीन केसल, जिसमें एलमहार्स्ट परिवार के लोगों ने कृषिक्षेत्र, वन, स्थानीय कुटीर उद्योग, शिक्षा, संगीत और नृत्य आदि ललित कलाओं की शिक्षा, अनुशीलन तथा उन्हें प्रोत्साहित और पुनरुज्जीवित करने का एक केन्द्र गढ़ डाला था। कला विभाग में सर्वप्रथम विशेष तत्परता दिखायी दी थी नृत्य और नाट्य में, उस विभाग की सचिव थी वियाट्रिस स्ट्रेट। वियाट्रिस की कामना थी एक नर्तकी होने की किन्तु, उसकी अधिक दिलचस्पी थी अभिनय में। डार्टिंग्टन हॉल के कार्यों में विशेष तेजी आयी जब लेखक और नाटककार एंतोन चेखोव के भतीजे माइकेल चेखोव ने उन कार्यों में योग देना शुरू किया। इसी डार्टिंग्टन हॉल

में उदय शंकर अपने दल के कुछ सदस्यों को लेकर एक अनुष्ठान करने गये १९३३ ईसवी के मई मास में। डार्टिंग्टन के बैंकट हॉल में उदय शंकर ने अपने अनुष्ठान के आइटम में रखा था अपना एकल नृत्य। वियाट्रिस स्ट्रेट की प्रिय बान्धवी और संस्थान की एक सुयोग्य नृत्य कलाकार डेइट्रा हार्स्ट ने उसको याद करते हुए बाद में कहा था—

> I have seen many dancers in my time, but none except Uday Shankar seemed to bring God on earth.

अर्थात् मैंने अपने ज़माने में बहुत से नृत्य अनुष्ठान देखे हैं किन्तु उदय शंकर उसमें अपवाद हैं। जिनका नृत्य देखकर ऐसा लगता है जैसे कोई देवता धरती पर उतर आया हो। और स्वयं वियाट्रिस की क्या प्रतिक्रिया है? उसने कहा है :

> I was absolutely magical. I will never forget it, the beauty of Uday–who was god like on the stage and the beauty of the music, everyone who was there was overwhelmed. That was my first introduction to Uday.

अर्थात् यह अनुष्ठान पूरी तरह से एक जादू जैसा था। मैं इसे कभी नहीं भूलूँगी। उदय का सौन्दर्य, जो मंच पर एक देवता जैसा था, और संगीत का सौन्दर्य, इन दोनों को देखकर वहाँ उपस्थित हर व्यक्ति भावविभोर हो गया था। उदय से इस रूप में यह मेरा पहला परिचय था। उदय से वह भेंट, उसके रूप का वह दर्शन, वह परिचय और उस थोड़े समय के साहचर्य से वियाट्रिस उदय के गम्भीर प्रेम में पड़ गयी।

उसके बाद १९३६ की मई से १० अक्टूबर की लम्बी पाँच मास की अवधि तक उदय शंकर अपना दल लेकर डार्टिंग्टन हॉल में रहे। उस समय सात अनुष्ठान किये थे उदय शंकर ने। किन्तु, बाक़ी समय में उन्होंने कई नृत्य संरचनायें बनायीं, कई रिहर्सल किये और सब नवीन पद्धतियों में प्रशिक्षार्थियों को नृत्य के दर्शन, रीति-नीति और प्रक्रिया में प्रशिक्षित किया।

उदय शंकर के जन्मशताब्दी वर्ष पर 'देश' पत्रिका के लिये लिखी एक रचना में रविशंकर ने बड़ी चमत्कृत करने वाली वर्णना की थी डार्टिंग्टन की उस प्रशिक्षण पद्धति की।

'डार्टिंग्टन हॉल में दादा जी क्लास लिया करते थे, उसके गुणावगुण और चरित्र भी विश्वास से परे था। प्रायः एक सौ छात्रों के क्लास की समयावधि एक घण्टा थी। उस युग के अच्छे-अच्छे लोग उस क्लास में सीखने आया करते थे, जिनमें से कई बहुत प्रसिद्ध हुए थे, बहुत से आज जीवित नहीं हैं, शेष वृद्ध हो गये हैं, जिनमें लाला भरतराम, चरतराम भी थे। दादा शायद सभी से कहा करते थे कि वे आँखें बन्द कर काठ के फ़र्श पर सिर्फ़ हाथ फिराते रहें। कहा करते थे हाथ फेरते रहो। मन-ही-मन तुम महसूस करो कि स्टूडियो के फ़र्श पर हाथ फेर रहे हो। अब यह सोचो कि तुम पानी पर हाथ फेर रहे हो, सोचो तुम्हारा हाथ पानी में है। अनुभव करो पानी है। अब कल्पना करो कि गरम जल में हाथ डुबो रहे हो, गरम जल है, महसूस करो जल की उष्णता। शंकरलाल तुम सोच नहीं सकते हो कि इस तरह से कैसी एक बेहोशी-सी आ जाती थी। कई बार तो गरम जल में हाथ पड़ गया है ऐसा महसूस कर छात्र भय के कारण अपना हाथ अलग कर लेते थे। And all this was preparation for a basic artistic temperament– और यह सब था आधारभूत कलात्मक स्वभाव तैयार करने के लिये। चूँकि इसी स्वभाव को एक कलाकार अपने कार्य के द्वारा प्रेषित करना चाहता है।

इसके बाद दादा इस भ्रम को और भी बढ़ाते थे। कहा करते थे, सोचो तुम समुद्र तट पर खड़े हो, बालू के ऊपर, पास में ही जल है, अब खड़े होकर चलने लगो, आँखें बन्द कर। जैसे ही तुम्हें लगे कि तुम्हारी उलटी दिशा से तुम्हारी ओर कोई आ रहा है, तुरन्त हट जाओ। चींटियों को देखा है, सर-सर करते हुए एक-दूसरे के पीछे चली जा रही हैं, जैसे ही दूसरी चीटियाँ सामने से आती हैं, झट से हटकर रास्ता दे देती हैं। They never clash–वे कभी एक-दूसरे से भिड़ती नही हैं। दादा चीटियों का उदाहरण देकर, उनकी मनोवृत्ति को दिमाग़ में रखकर चलना, चलते रहना, प्रतिक्रिया करना, इस प्रकार चेतना की शिक्षा दिया करते थे। इस प्रकार और भी कितनी अद्भुत-अद्भुत चीज़ें वे सभी को सिखाया करते थे। Oh it was so mesmerising. आह! यह कितनी मनोमुग्धकारी और वशीकरण जैसा था।

१९३६ में डार्टिंग्टन हॉल के उसी प्रशिक्षण पर्व में पहुँच गये थे बिमल मुखोपाध्याय। वहाँ पर सिमकी और वियाट्रिस के साथ एक फ़ोटोग्राफ़ में

भी वे दिखायी दे रहे हैं। उस समय सिमकी तो उदय शंकर की नृत्य सहचरी और प्रेमिका तो थी ही, वियाट्रिस भी घोरतर रूप से उदय की अनुरागिनी हो गयी थी। १९३३ ईसवी के उसी प्रथम साक्षात्कार से ही वियाट्रिस उदय शंकर के प्रेम में इतनी डूबी हुई थी कि जहाँ भी यह शिल्पी जाता यह युवती उसके पीछे-पीछे जाती। इसके बाद १९३४ में शरत् ऋतु के समय उदय शंकर जब अपना दल लेकर भारत लौट आते हैं, वियाट्रिस अपनी बान्धवी डेइड्रा के साथ सलाह कर भारत के लिए प्रस्थान कर देती है। वे लोग भारत पहुँचती हैं १९३५ ईसवी के नवम्बर में। उदय और उनकी कम्पनी उस समय बम्बई में थी, वहीं पर उनका पुनः शुभ मिलन होता है। मोहन खोकर ने उदय शंकर की जीवनी के लिए वियाट्रिस का एक लम्बा संस्मरण लिपिबद्ध किया है, उसका किंचित् अंश यहाँ उद्धृत किया जा रहा है :

> हम लोगों ने एक साथ बड़े दिनों का उत्सव मनाया और उदय मुझे बम्बई के पास अवस्थित अद्‌भुत सभी गुफाओं को दिखाने ले गया। संगीतज्ञ लोगों ने मेरे लिए गुफा में ही वाद्ययन्त्रों को बजाया। आवेश और अनुभूति से मेरा तो दम ही निकला जा रहा था। मैं एक पागल की तरह उसके प्रेम में पड़ गयी और एक अद्‌भुत भाव-भरी प्रतिक्रिया और प्रत्युत्तर उसकी ओर से भी मुझे मिला।

Uday was a wonderfully charming, darling man childlike and most beautiful and his company was a great joy for me.

अर्थात् उदय एक अद्‌भुत रीति से मोहक और प्रिय पुरुष था, उसका स्वभाव बच्चों जैसा था, अत्यधिक सुन्दर और उसका सान्निध्य मेरे लिए बड़ा आनन्ददायक था।

वह जब दुबारा डार्टिंग्टन आया और उसने अपना अनुष्ठान किया वह १९३९ का वर्ष था। वह एक दूसरा ही हलचल मचाने वाला समय था मेरे जीवन में। उस समय उदय की बड़ी महत्त्वाकांक्षा थी कि भारत में एक नृत्यकेन्द्र स्थापित किया जाय और उसको लेकर हम लोग ख़ूब चर्चा भी किया करते थे। १९३८ में मैं पुनः भारत गयी यह सोचकर कि उसके साथ रहूँगी, एक साथ घूमूँगी और यही करते-करते एक समय अल्मोड़ा में जाकर उपस्थित हो गयी। बड़ी जल्दी एक नया और ऐतिहासिक पर्व शुरू हो गया उदय शंकर के जीवन में। और वह है अल्मोड़ा का उदय शंकर

इण्डिया कल्चर सेण्टर (उदय शंकर का भारतीय संस्कृति केन्द्र)। केन्द्र का काम शुरू हो गया १९४० की ३ मार्च को। किन्तु १९३८ से इसका उद्योग पर्व भी उदय-वियाट्रिस के प्रेम का एक परिचय-विस्तार पर्व और कहना अतिशयोक्ति होगी एक स्वप्निल लावण्य से आच्छन्न है।

उदय शंकर के प्रति बेटी वियाट्रिस का ऐसे दुर्निवार आकर्षण का लक्षण देख कर एलमहार्स्ट दम्पति स्वाभाविक रूप से ही उसके भविष्य को लेकर चिन्तित हो गये थे। उधर उदय शंकर के प्रति भी उनका प्रबल खिंचाव था, डार्टिंगटन हॉल की धारा में उनके नृत्यकेन्द्र के गठन की चिन्ता भी उनके मन में बैठ गयी थी। अन्त में उदय शंकर के साथ विचार-विमर्श कर उन लोगों ने तुरन्त बीस हज़ार पौंड नृत्यकेन्द्र चालू करने के लिए उनके हाथ में रख दिये।

केन्द्र का ब्लू-प्रिंट था डार्टिंगटन हॉल के ढाँचे के अनुसार और उसके संरक्षक के रूप में चुने गये जिन व्यक्तियों के नामों की सूची प्रकाशित की गयी थी, वह भी एक ही शब्द में आश्चर्यजनक कही जा सकती है—अँग्रेज़ी वर्णमाला के अनुसार इस प्रकार है :

Alice Boner	एलिस बोनर
Michal Chekhov	माइकिल चेखोव
Mr. and Mrs. Leonard Elmhlrst	मि. तथा श्रीमती एलमहार्स्ट
John Martin	जॉन मार्टिन
Jawahar Lal Nehru	जवाहर लाल नेहरू
Sir Feroj Khan Noon	सर फीरोज़ खान नून

Romain Rolland	रोम्याँ रोलाँ
Sir William Rothenstein	सर विलियम रोथेंस्टाइन
Leopold Stokowski	लियोपोल्ड स्टोव्स्की
Mr. Whitney and	मि. ह्विटनी तथा
Lady Dephne Straight	लेडी डेफनी स्ट्रेट
Rabindra Nath Tagore	रवीन्द्रनाथ टैगोर

सेंटर के आचार्यों में थे कथकलि गुरु शंकरन नम्बूदरी, भरतनाट्यम् के लिए कण्डप्पा पिल्लै (जो बाला सरस्वती के भी नृत्य गुरु थे) एवं संगीत के लिए उस्ताद अलाउद्दीन खाँ। चार वर्ष से कुछ अधिक समय तक टिका रहा था यह केन्द्र और इसके छात्र-छात्राओं में थे शान्ता कियेननि, जोहरा सहगल, उजरा मुमताज, नरेन्द्र शर्मा, मोहन सहगल, गुरुदत्त, प्रभात गांगुली, शान्ति वर्धन, शचीन शंकर, लक्ष्मी शंकर, सिरीन वाजिफदर, केलू नायर, सुन्दरी भाउनानी, सत्यवती गोपालन, आनन्द शिवरामन—यह एक अशेष सूची है।

१९४३-४४ के ठण्ड के मौसम में उदय शंकर अपने दल को लेकर जिस टूर पर निकले थे उसका आख़िरी अनुष्ठान १९४४ की १ फ़रवरी को अहमदाबाद में हुआ। वह 'रामलीला' का शो था। इस टूर के समाप्त होते ही उदय पूरी तरह से डूब गये अपनी और एक दीर्घ दिनों से लालित सपने की योजना—अपनी 'कल्पना' फ़िल्म को लेकर। एक कल्पना—अल्मोड़ा का नृत्य केन्द्र—जब वास्तविकता से धूसर स्मृतियों में विलीन होता जा रहा था नटराज उदय शंकर तब एक दूसरी कल्पना में मग्न थे। तब तक अमला नन्दी के साथ विवाह कर घर-गृहस्थी वाला हो गया था नृत्यशिल्पी एक-एक कर वापस चली गयीं उसकी राधा/पार्वती सिमकी एवं अल्मोड़ा स्वर्ग पथ की संगिनी बियामिचे बियाट्रिस स्ट्रेट।

५

उदय शंकर के मन में 'कल्पना' छबि का जन्म कब हुआ ? बताना सचमुच में बहुत मुश्किल है। इसमें कोई बड़ा आश्चर्य नहीं होना चाहिए अगर कोई यह कहे कि पेरिस के उन्हीं ग़रीबी के दिनों में नृत्य, नृत्य का विषय और नृत्य-दल को लेकर जो चिन्तन-मनन किया उसी समय सिनेमा का क्रीड़ा भी इस नृत्य-शिल्पी के दिमाग़ में घुस गया था। एक बहुत पुरानी तस्वीर देखने का मुझे सुअवसर मिलता है मोहन खोकर की पुस्तक में, जिसमें एक नितान्त नयी शर्ट पहने उदय शंकर बायस्कोप क़ैमरा में तस्वीर कैसे खींची जाय इसे सीख रहे हैं। जानने की इच्छा होती है कि तीसरे दशक के बीचोंबीच के दिनों में दुर्धर्ष फ़ोटोग्राफ़र बिमल मुखोपाध्याय के साथ बन्धुत्व होने के बाद फ़ोटोग्राफ़ अथवा चलचित्र के बारे में उनके बीच वैसी कोई बातचीत हुई थी या नहीं। आठवें दशक के मध्य परलोकगमन किया था बिमल बाबू ने और उनके 'द्विचाकाय दुनिया' ग्रन्थ में भी इस सम्बन्ध में कुछ नहीं कहा गया है। फलस्वरूप सिनेमा के बारे में उदय शंकर के साथ उनकी आलाप-आलोचना हुई हो तो उसे जानने का आज कोई अवसर नहीं है। यह अफ़सोस भी हमारा मिटने का नहीं है कि बिमल बाबू यूरोप से वापस आने के बाद उनके क़ैमरे में हमें उदय शंकर नहीं मिलते हैं।

अल्मोड़ा में अपने नृत्य केन्द्र में नाच सिखाते-सिखाते क्या 'कल्पना' का विचार उदय शंकर के दिमाग़ में आ गया था ? हज़ार बातें हों, किन्तु यह भूलने से काम नहीं चलेगा कि अल्मोड़ा पाठ्य-तालिका का केन्द्रीय विषय था 'कल्पना' अथवा Imagination किन्तु 'कल्पना' को केन्द्रीय विषय बनाकर उदय शंकर ने जब पूरी लम्बाई की फ़िल्म बनायी तो वह निरी कल्पना अथवा मनोराज्य बनकर नहीं रह गयी, उसकी नींव के रूप

में रखा गया सामाजिक यथार्थ। अरे हाय रे, घटना यह भी है कि उदय शंकर द्वारा निर्मित एकमात्र चलचित्र ही आख़िरकार बचा रह गया अमर नृत्यशिल्पी के नृत्य (यद्यपि उसमें अंश मात्र ही है) का स्थायी दृश्य, एक प्रामाणिक दस्तावेज़।

फ़ोटोग्राफ़ी में उदय शंकर को नशा तब हो गया था जब वे बचपन में ड्राइंग मास्टर अम्बिकाचरण बाबू से क़ैमरे का ककहरा सीख रहे थे—इस प्रकार यह नशा उन्हें बचपन से ही लग गया था। यूरोप में जब वे नृत्य में निमग्न रहने के बाद जैसे ही उन्हें अवकाश मिलता था, वे क़ैमरे से तस्वीरें खींचने लगते थे। एक समय ऐसा भी आया जब 'पाते' नामक स्टूडियो में सिनेमाटोग्रॉफ़ी का प्रशिक्षण भी उन्होंने लिया था। एलिस बोनार के साथ जब वे भारत आये एट मिलीमीटर के मूवी क़ैमरे से असंख्य रोल एक्सपोज किये थे इस नृत्य-शिल्पी ने। फिर भी उनके द्वारा बनाये गये चित्रों की तरह वे सब फ़ोटोग्राफ़ भी आज हमारी पकड़ से बाहर हैं, कहीं खो गये हैं।

यौवन के प्रारम्भिक दिनों से ही उदय शंकर की जो रुचि थी उसका कारण 'सिनेमा के लिये सिनेमा' नहीं था, उसका कारण था कि वे सिनेमा को नृत्य का एक सूक्ष्म माध्यम मानते थे। अल्मोड़ा में रहते-रहते ही फ़िल्म को नृत्य के प्रचार-प्रसार का एक प्रबल हथियार मानने की वजह से उसके उपयोग का सपना देखना उन्होंने शुरू कर दिया था। अपनी कल्पना की कहानी को अपने एक श्रेष्ठ शिष्य गुरुदत्त को देकर उनसे अल्मोड़ा में ही उसकी पटकथा लिखा ली थी। उसी पटकथा को आधार बनाकर अन्त में उन्होंने जो फ़िल्म बनायी वह विस्मयों का भी एक विस्मय है! तकनीक की दृष्टि से 'कल्पना' इतनी साहसी और मौलिक और दृश्यों की दृष्टि से इतनी रहस्यमय और स्फूर्तिजनक है कि रिलीज होने के क्षण से ही फ़िल्मी दुनिया ने उसे क्लासिक फ़िल्म स्वीकार कर लिया था।

'कल्पना' को आर्थिक सहायता दी थी सर चुन्नी भाई रणछोड़ लाल ने। शुरुआत में बजट था ११ लाख का, बाद में विश्व युद्ध के कारण स्टोक के दाम बढ़ जाने से बजट का आकार भी बदल गया। अन्त में १९४७ में जब फ़िल्म का काम समाप्त हुआ तब व्यय पहुँच गया २२ लाख तक। शुरुआत में शूटिंग करने की बात थी कलकत्ता में। बाद में मद्रास के जेमिनी स्टूडियोज के व्यापक सुयोग और सुविधाओं के बारे में पता लगने पर उदय शंकर ने दक्षिण की तरफ़ दौड़ लगायी। अस्सी से भी अधिक

नृत्य के सीक्वेन्स को फ़िल्माने के लिए ९० दिन तक शूटिंग चलती रही। एक सप्ताह दिन की शिफ्ट में और एक सप्ताह रात की शिफ्ट में काम चला करता था, किसी भी कारण से शूटिंग रोकने का कोई प्रश्न ही नहीं था। उदय शंकर के शूटिंग के दौरान ज्वरग्रस्त होने के बाद भी काम रुका नहीं, डाक्टरों के परामर्श से भी वे आराम करने को राजी नहीं हुए। बाद में उनके ज्वरग्रस्त होने पर स्टूडियो में एक बिस्तर लाकर रखा गया था।

विचार-भावना और परिकल्पना के अलावा भी और भी अनेक दृष्टियों से 'कल्पना' एक स्वतन्त्र चरित्र की फ़िल्म थी। जैसे, उदाहरण के लिए, अभिनेता-अभिनेत्री के क्षेत्र में। फ़िल्म में काम करने का अनुभव हो ऐसा एक भी अभिनेता फ़िल्म में नहीं था। उन सबकी दक्षता और प्रशिक्षण नृत्य में था। तीस से ऊपर पुरुष थे, हरेक कथकलि में प्रशिक्षित था। और बीस के लगभग महिला कलाकार, सभी नृत्य में पटु थीं। बाद में इनमें से कोई-कोई जैसे ललिता, पद्मिनी, ऊषा किरन—हिन्दी फ़िल्मों की प्रसिद्ध नायिकायें हो गयी थीं।

कलाकौशल में निपुण कलाकारों की दृष्टि से 'कल्पना' में लगी थी 'चाँद' की हाट। पटकथा के प्रसंग में मैंने गुरुदत्त के प्रसंग का उल्लेख किया था। यद्यपि उस समय गुरु नितान्त रूप से एक प्रतिभाशाली युवा थे। ललिता, पद्मिनी, ऊषाकिरन भी छोटे-मोटे रोल में ही आया करती थीं। फिर भी 'कल्पना' के संवादों में हाथ लगाया था अमृतलाल नागर ने और गीत रचना में सहयोग किया था हिन्दी के प्रसिद्ध कवि सुमित्रानन्दन पन्त ने। मणिपुरी नृत्य का निर्देशन किया था 'गुरु अमोवी सिंह ने और नायिका की भूमिका और वेशभूषा की परिकल्पना में उन दिनों उदय के साथ युगल नृत्य करने के कारण पूरे भारत में विख्यात उनकी धर्मपत्नी अमलाशंकर थीं। 'कल्पना' की कास्ट लिस्ट में अमला का जो नाम आया है, वह अमला उदय शंकर के रूप में। आधुनिक फ़िल्म समीक्षा की भाषा में अगर कहा जाय तो उदय शंकर का उल्लेख 'कल्पना' छबि के ऑथर अथवा रचयिता के रूप में किया जायेगा। कथा-विन्यास, साजसज्जा, परिकल्पना, निर्देशन एवं प्रस्तुति के जितने भी दायित्व थे, वे सभी उन्हीं के ऊपर थे। इसके ऊपर वे थे फ़िल्म के नायक उदयन की भूमिका में। 'कल्पना' उदय शंकर की एक ईषद् प्रच्छन्न आत्मकथा है इसे समझने में भी विशेष असुविधा उस समय के दर्शकों को नहीं हुई। अल्मोड़ा में उनके

नृत्य केन्द्र स्थापित होने का बहुत अच्छा वृत्तान्त भी इस चलचित्र में दिया गया है। फिर भी निरी आत्मकथामूलक होने पर भी 'कल्पना' वहीं पर रुक नहीं जाती है। पूरी फ़िल्म में है शिल्पी का कला तत्त्व और जीवन दर्शन। इसका उपसंहार मिलन में होते हुए भी पूरी फ़िल्म में अनेक स्तरों पर भरपूर ट्रेजडी व्याप्त है। देश और समाज के सम्बन्ध में शिल्पी के मन में जमा हो गये विचार और मार्मिक पीड़ा भी व्यक्त हुई है इस फ़िल्म में। जीवन की अन्तिम अवधि तक उदय शंकर का विश्वास था कि मनुष्य मनुष्य में, समाज समाज में मिलन का एक सेतु गढ़ देती है कला, यदि उसका सुन्दर उपयोग जीवन में किया जा सके। 'कल्पना', मोहन खोकर के मत से उदय शंकर के उसी विश्वास की छबि है।

विख्यात नृत्य समालोचक और उदय शंकर के अनुरागी जॉन मार्टिन ने तो खुले रूप में लिख ही दिया है :

> It is a prodigious picture, in dimensions that Hollywood would not hesitate a moment to brand as super-colossal, and in substance about as full as the total output of Hollywood in any given year...

अर्थात् अनेक आयामों की दृष्टि से कल्पना एक अद्‌भुत अपूर्व फ़िल्म है, जिसे हॉलीवुड ने अत्यधिक उच्च श्रेणी की विराट फ़िल्म घोषित करने में एक क्षण भी हिचकिचाहट महसूस नहीं की और सारवत्ता की दृष्टि से यह इतनी पूर्ण है कि हॉलीवुड ने किसी भी बरस में ऐसी फ़िल्म का निर्माण नहीं किया है।

उस समय की सबसे अग्रगण्य भारत की पत्रिका 'फ़िल्म इण्डिया' में लिखा गया था—

> No other picture like Kalpana has so far been produced. It is unlikely that another such picture will be made. But it will be remembered for a long time and will leave an indelible impresson on the artistic content of the Indian Cinema.

अर्थात् 'कल्पना' जैसी अभी तक कोई दूसरी फ़िल्म नहीं बनी है। अब ऐसी दूसरी फ़िल्म बनेगी इसकी सम्भावना नहीं है। किन्तु यह लम्बे समय तक अविस्मरणीय रहेगी और भारतीय सिनेमा की विषय वस्तु पर यह एक अमिट छाप छोड़ती रहेगी।' समसामयिक सिनेमा अनुरागियों के

ऊपर 'कल्पना' के प्रभाव का एक जाज्वल्यमान प्रमाण तत्कालीन युवा सत्यजित राय की प्रतिक्रिया है। रविशंकर से सुना है कि सत्यजित उस समय अँधेरे सिनेमा हॉल में बैठे-बैठे 'कल्पना' फ़िल्म देखते-देखते अपने निजी ब्राउन क़ैमरे से फ़िल्म के अनेक अचरज भरे शॉट्स के फ़ोटो खींच रहे हैं। मुझसे सत्यजित बाबू ने कहा था कि, पहली बार जब यह फ़िल्म प्रदर्शित हुई थी तो उन दिनों मैंने यह फ़िल्म चौदह बार देखी थी। फिर अपने माथे पर थप्पड़ मारते हुए अपनी स्वभाव सुलभ मुद्रा में कहा था कि कैसी तो एक फ़िल्म बना बैठा था वह भद्र पुरुष। इसीलिए अपना 'बाङ्ला' वृत्तचित्र बनाने के पहले उनके पास गया था फ़िल्म में नृत्य को फिल्माने की टेकनीक के सम्बन्ध में चर्चा करने।

'कल्पना' के सभी अनुरागी एक बात में सहमत हैं कि फ़िल्म की दृश्य भावना अकल्पनीय है। फ़िल्म की वेशभूषा में कोई नाटकीयता अथवा अतिरेक नहीं है, उस समय की फ़िल्म में जो सोचा नहीं जा सकता है। उदय का एक और तुरुप का पत्ता था सेट की डिज़ाइन। कहीं भी किसी तरह की बहुमूल्य सजावट नहीं है, फ्रेम, कटआउट, अथवा बेकड्रॉप की आँधी नहीं उठती है। साधारण लकड़ी के ब्लॉक सजाकर और उन पर प्रकाश छाया का खेल दिखाते हुए उदय शंकर अपनी माया का जगत् तैयार कर लेते थे। एक चित्रकार की आँख लेकर एक समय में अपना नाच सजाते थे उदय। इस समय वही नाच और उसके उसी सरल परिपार्श्व के द्वारा और एक इन्द्रजाल बुन देते थे वे। नाच को मंच के शिल्प के रूप में नहीं वे सीधे-सीधे जीवन की छबि के रूप में उसे प्रक्षेपित करते थे। नृत्य की ही फ़िल्म है कल्पना, फिर भी नृत्य प्रधान फ़िल्म की भाषा में बनायी गयी। जिसकी प्रशंसा करते-करते अन्त नहीं कर पाते थे सत्यजित।

'कल्पना' छबि प्रचलित परम्परा से बाहर है, इसे उदय शंकर ने स्वयं ही फ़िल्म के पर्दे पर स्पष्ट रूप से बता दिया था। धन्यवाद पर्व ख़त्म होने के बाद फ़िल्म शुरू हो इसके पहले ही उदय शंकर के अक्षरों में एक वार्ता दिखने लगती है पर्दे पर। अँग्रेज़ी में लिखी उस वार्ता की पहली लाइन इस प्रकार है :

> I request you all to be very alert while you watch this unusual picture – Fantacy– आप सबसे मेरी प्रार्थना है कि इस प्रथा से बाहर फ़िल्म कल्पना को देखते हुए आप बहुत सावधान रहें।

'कल्पना' का पहली बार प्रदर्शन १९४८ की १३ फ़रवरी को बम्बई के पाँच और देश में अन्यत्र १७ सिनेमाघरों में हुआ। इसके प्रचार के लिए बनाये गये विभिन्न नारों में एक था—An unique and unparalleled Event...Since Movies Began... एक अनुपम और अतुलनीय घटना जब से चलचित्रों की शुरुआत हुई।

दूसरे वर्ष १९४९ ईसवी में ब्रसेल्स के फ़िल्म महोत्सव में 'कल्पना' को पुरस्कृत किया गया। किन्तु, व्यावसायिक प्रस्ताव की दृष्टि से चरम व्यर्थता के मुख में जा पड़ी उदय शंकर की यह कीर्ति जो अपने समय से बहुत आगे की कल्पना थी। भारत के स्वाधीन होने के थोड़े समय में दो-दो त्रासदीपूर्ण घटनाओं ने आँखों में अँगुली डाल कर यह दिखा दिया कि देश के लोग कितना कम समझ सके अपने समय के वीर महानायकों को। दो त्रासदियाँ क्रमशः थीं—गांधी हत्या और 'कल्पना' की व्यावसायिक असफलता। गांधी जी की मृत्यु पर बर्नार्ड शॉ ने बड़े दुःख के साथ कहा था—It shows it is too dangerous to be too good. इससे यह पता चलता है कि बहुत अच्छा होना कितना ख़तरनाक है। और उदय शंकर की फ़िल्म में मौलिकता, नवीनता और (आजकल जिसे कहा जाता है राजनैतिक स्पष्टवादिता) इन चीज़ों का दण्ड भुगतना पड़ा। 'कल्पना' के शुरू-शुरू के विज्ञापन में घोषणा की गयी थी, 'A new dance'–A new Drama'... Woven out of the Nation's Blood & Tears!' unique and unparalleled event... Since the Movies Began.'

गांधी जी के सपनों का भारत जन्म लेते ही भ्रष्ट होने लगता है, यही वाणी, यही बात 'कल्पना' में अच्छी तरह से गहरायी जड़ जमाये हुए है। इसके साथ ही जाग उठती है शिल्पी की आत्मा का संकट और हताशा। कल्पना के बाद उदय शंकर ने जो और एक भी फ़िल्म बनाने का व्रत नहीं लिया, वह आत्मसंवरण भी आज आधी शताब्दी से भी अधिक समय बीत जाने के बाद मनुष्य की मार्मिक पीड़ा और पछतावे का कारण है, पच्चीस वर्ष की निरन्तर साधना और आत्मनियोग से अपनी प्रतिभा के मध्यगगन में पहुँच गये थे उदय शंकर 'कल्पना' फ़िल्म में। इसके बाद भी अट्ठाईस वर्ष तक जीवित रहे थे उदय शंकर। और अन्त के कई बरसों तक अनवरत काम भी करते रहे थे, किन्तु, अल्मोड़ा के नृत्य केन्द्र का बन्द हो जाना और 'कल्पना' का व्यावसायिक दृष्टि से सफल न होने की व्यथा वे कभी

भूल गये हों ऐसा नहीं लगता है। रविशंकर के मत से, एक समय ऐसा था, जब दादा ने जिस किसी भी काम में हाथ लगाया उससे सोना फलने लगता था। और उसके बाद सहसा एक समय ऐसा आया कि वह दौर समाप्त हो गया एवं दादा किसी भी तरह उस स्वप्न के शिखर पर नहीं जा पाये। 'कल्पना' ही क्या उदय शंकर का वही अन्तिम स्वप्न शिखर है? उदय के साथ-साथ घूमते हुए तीसवें दशक के मध्यभाग में अन्य परिक्रमा-पथ पर चले गये उनके Boswell बिमल मुखोपाध्याय। देश वापस आकर बिमल बाबू एक सफल उद्योगपति बन गये और सम्भवतः दूर से ही अमर शिल्पी के जीवन और काम को लक्षित करते रहे। किन्तु, परिणत वय के उदय शंकर के उस जीवन और कार्य के दस्तावेज़ीकरण का फिर उन्हें कोई अवसर नहीं मिला। इतने समय तक उनकी वे सब तस्वीरें व्यक्तिगत संग्रह के एकान्त में पड़ी थीं, इस पुस्तक के योगायोग के कारण उनका एक नया आत्मप्रकाश घटित हुआ। यह सब घटित होता जा रहा था यह जानकर टेलीफ़ोन से अमेरिकी संयुक्त राष्ट्र से रविशंकर की पहली प्रतिक्रिया एक पुलकभरे विस्मय की थी। कहने लगे—यह तो बहुत बड़ी सुखद ख़बर है। बचपन में बिमल दा को देखकर अवाक् हो गया था। उस भद्रपुरुष में कितने गुण थे, यह वाणी के द्वारा समझाया नहीं जा सकता है। बहुत मज़ेदार व्यक्ति थे।

२००१ में उदय शंकर की जन्मशताब्दी मनायी गयी।

२००४ में बिमल मुखोपाध्याय के जन्म शत वर्ष में उनके द्वारा खींची गयी तस्वीरों में नये रूप में पुनः प्राप्त किया गया भारतीय नृत्य के युगपुरुष को।

२००७ ईसवी में इस ग्रन्थ का प्रकाशन उन दो पुरुषों के चरणों में मेरा एक अशेष प्रणाम है।

मेरे दादा उदय शंकर

पं. रविशंकर

दादा को जब मैंने पहली बार देखा तब मेरी उम्र नौ वर्ष की थी। काशी में जब वे आये तब उनके साथ एलिस बोनर भी थी। उस समय वे काशी में काफ़ी दिनों रहे थे। ठहरे होटल में थे। उन्हें देखकर मैं तो एकदम मुग्ध हो गया था। उसका कारण था उनका सदा ख़ुश रहने वाला स्वभाव, पश्चिम में रहने के कारण जैसा होना चाहिए था। मुझे देखते ही उन्होंने गोद में उठाकर कई चक्कर लगा डाले, उस समय मैं मन-ही-मन प्रेम के कारण द्रवित हुआ जा रहा था। उसके बाद ही हम सब लोग अपने मामा के घर नसरतपुर चले गये। हमारे नाना या तो उस समय जीवित थे या अभी हाल में ही दिवंगत हुए थे। वहाँ पर हम सब लोग कई दिनों तक रहे थे, और मामा के परिवारजनों को ख़ूब निकट से देख सके थे, दादा की इच्छा सभी को नये रूप में जानने की थी। तो भी उन लोगों में से जिस व्यक्ति को विशेष रूप से जानने का आग्रह दादा के मन में उत्पन्न हुआ था, वह था मातादीन—घर का नौकर।

मातादीन वहाँ की मोची जाति का एक व्यक्ति था। उस ज़माने के रूढ़िवादी समाज में जिसे 'अस्पृश्य' कहा जाता था। किन्तु कई मामलों में वह बहुत निपुण था जैसे नौटंकी, भाँड़गीरी अथवा एक जोकर का रोल वह इतना बढ़िया करता था कि उसे शब्दों में व्यक्त नहीं किया जा सकता है। फिर वह जो नृत्य करता था वह तो अद्‌भुत था। विशेष रूप से होली अथवा वैसे ही किसी उत्सव में उसके नृत्य में एक वैशिष्ट्य आ जाता था। पूरे इलाक़े में एक श्रेष्ठ नर्तक के रूप में वह प्रसिद्ध था।

अपने उस बचपन में उसके उस नृत्य को मैंने अश्लील ही मान लिया था।

उसकी अंग-भंगिमाओं, दैहिक इशारों में एक प्रकार की यौनता का संस्पर्श रहता था, किन्तु, उसके साथ उसकी देह में जो एक लचक थी अथवा अपूर्व अभिव्यक्ति उसे देखकर अचरज में पड़ जाना पड़ता था। काशी में अपने बचपन के दिनों से ही दादा को उसके नाच की याद थी, वे उसे भूले नहीं थे। इसलिए नसरतपुर में जाते ही दादा ने उसके नाच की व्यवस्था की थी। मातादीन ने आकर जब नाचना शुरू किया, तो हम सब क्या कहें, एकदम पागल ही हो गये। ढोलक की थाप पर मातादीन का कितना अद्भुत नाच था। किन्तु अन्त में जिससे हम सब लोगों को बड़ा अचरज हुआ, वह था, सिर्फ़ एक लंगोट पहन कर उसका नाच। जैसे ही पूरा हुआ वैसे ही दादा ने उसे दौड़कर अंक में भर लिया। दादा सूट पहने हुए थे, शर्ट-पेंट इत्यादि, और वह बेचारा एक चीथड़ा मात्र पहने था। उसके बाद हम लोगों ने देखा, सहसा दादा ने झुककर उसके पैर छूकर उसे प्रणाम किया। उससे मेरे मन पर ऐसी एक छाप पड़ गयी कि उस दृश्य को आज भी आँखों के सामने उज्ज्वल रूप में देखने लगता हूँ। और उस उम्र में यह भी देखा कि उस व्यक्ति के प्रति दादा की कैसी श्रद्धा थी! जात-पात कुल के जिन सब विधि-निषेधों के बीच में हम सब जिस ज़माने में बड़े हुए थे, उनमें से कुछ भी दादा के सामने दीवार बनकर खड़े नहीं हो सके। उनकी नज़र में सबसे बड़े सम्मान का आसन था शिल्प। कह सकता हूँ बचपन में दादा को देखने की यही है मेरी सर्वश्रेष्ठ स्मृति।

हाँ, उसके पहले ज़रूर सभी के मुँह से दादा के बारे में सुना करता था। मँझलेदा, सँझलेदा के मुँह से उनका हालचाल मुझे मिलता रहता था, विशेष रूप से झालावाड़ में रहने की, उनके गौरवमय दिनों की बातें सुना करता था। और उससे मेरे मन में एक तीव्र ईर्ष्या का भाव उदित हो जाता था, क्योंकि काशी में उन दिनों बड़े कठिन समय से हम लोग गुजर रहे थे। और वे सब झालावाड़ में एक समय प्रिंस जैसा जीवनयापन कर रहे थे। दादा के सभी कार्य-कलापों के बारे में सुना करता था। सभी का कहना था दादा की प्रतिभा बहुआयामी है। वे बहुत अच्छा जादू करना जानते हैं।

साइकिल पर चढ़ जाते हैं, उसे पकड़े-पकड़े ऊपर उठ जाते हैं, उस पर खड़े हो जाते हैं, सरकस की तरह के अनेक खेल दिखा सकते हैं, उनमें बड़ी अद्भुत शक्ति है, नृत्य के पद-क्षेपों को बड़ी जल्दी सीख लेते थे, नकल-वकल बड़ी जल्दी उतार लेते थे। उसके बाद सुनने को मिला था

कि जिस मुम्बई में जाकर उन्होंने आर्ट की ट्रेनिंग ली थी, वहीं पर बहुत समय बाद मेरे बेटे शुभ की भी कला-शिक्षा हुई थी। फिर मुझे यह जानकारी मिली कि दादा मुझे देखने आये थे, उस समय मैं छह मास का था, जिसकी मुझे बिलकुल याद नहीं है, और उसके बाद ही झालावाड़ महाराजा की कृपा से, उसमें उनकी भी इच्छा शामिल थी, वे लंदन चले गये। रॉयल कॉलेज़ ऑफ़ आर्ट में पढ़ाई-लिखाई करने।

आज भी याद है उस बचपन में प्रथम दर्शन में ही वे मुझे कितने अच्छे लगे थे। एक तो इतना सुन्दर चेहरा, चरमान्त तक एक सुपुरुष, हालाँकि इतने कोमल माधुर्य से युक्त मानुष (एकदम पुरुषार्थ से भरे पुरुष) उनके व्यक्तित्व में सचमुच में एक विस्मय में डाल देने का भाव था। अच्छी-अच्छी सभी कला-कृतियों में जो आकर्षण होता है, ऐसा लगता था उनके व्यक्तित्व को उसी आकर्षण से गढ़ा गया हो। बाद में मैंने सुना था कि मुझमें भी बहुतों को वही तत्त्व मिलता था, जो स्त्री-पुरुष सभी को समान रूप से आकर्षित करता था। चेहरे और चरित्र में यही सन्तुलन—पौरुष और कमनीयता का। यह सामंजस्य एक बहुत बड़े करिश्मे का कारण हो गया था दादा के व्यक्तित्व में।

माँ और दादा

माँ तो दादा को बहुत चाहती थी क्योंकि वे बड़े बेटे जो ठहरे। किन्तु यह होते हुए भी मन गें कहीं थोड़ी नाराज़गी भी थी। ये सोचा करती थीं दादा-पिता जैसे वर्ग के अधिक हैं क्योंकि दादा उनसे बहुत दूर चले गये थे, और माँ रह गयी थीं अकेली। तीन बेटों के साथ विपत्ति से जूझतीं—लगभग अकेले-अकेले ही उन्होंने अत्यन्त दुःख से यह समय काटा था। इन्हीं सब कार्यों से शुरू-शुरू में कहीं-न-कहीं उनके मन के एक कोने में नाराज़गी बनी रहती थी; किन्तु दादा जब १९२९ में पुनः आये और हमसे मिलकर एलिस बोनर के साथ दक्षिण भारत चले गये, यह उनके कैरियर का एक अत्यन्त महत्त्वपूर्ण समय था—गौरव का प्रारम्भिक पर्व—उन दिनों परिदृश्य एकदम बदल गया था। दोनों के ही क्षेत्र में एक नये जीवन की शुरुआत हो गयी।

सबसे पहले वे कथकलि के देश में गये। कथकलि ने ही उनके ऊपर सबसे अधिक प्रभाव छोड़ा फिर उसे चाहो तो हम उनकी कला कहें, उनका जीवन कहें अथवा उनकी सृजनशील सत्ता कहें—पूरे जीवन उन्होंने इस नृत्यशैली से ही सर्वाधिक प्रेम किया और इसी का उन्होंने सम्मान किया। और उनकी देखा-देखी मैं भी इसी नृत्य के प्रति बुरी तरह आसक्त हो गया। यह नृत्य एक अतुलनीय कलारूप है यह मेरा आज भी विश्वास है। तो फिर इस कथकलि नृत्य को देखने के बाद शिल्प कला से मण्डित जितनी भी गुफायें और पीठ हो सकते हैं जैसे अजन्ता, एलोरा, महाबलीपुरम्, कोणार्क, खजुराहो, इन्हें एक-एक कर दादा घूम-घूम कर देखने लगे। और जितना हो सका उतना उन सब दृश्यों और कीर्तिमण्डित कला संस्थानों से नृत्य कैसा हो सकता है इसकी धारणा और संस्कार अपने भीतर गढ़ने लगे। सब कुछ में दादा उस समय केवल नृत्य ही देखते थे। और यह सब करने के बाद वे अधिकांश समय केरल जाकर कथकलि में डूबे रहते थे। उसके बाद दक्षिण के और एक राज्य के महाराजा ने उन्हें कुछ दिन अपना अतिथि बनाकर रखा था। वहीं से वे कलकत्ता आये थे। और यहाँ आते ही एक ऐतिहासिक घटना घट गयी।

यह घटना बीसवें दशक की शुरुआत की है—उनका एक प्रोग्राम हुआ, इसी दौरान उनका परिचय तिमिरवरण के साथ हुआ। तिमिरवरण स्वयं भी उन दिनों कुछ वाद्य यन्त्रों को लेकर प्रयोग-परीक्षण कर रहे थे, दादा को वह सब बहुत पसन्द आ गया। दादा ने उनके उस काम के साथ अपने नृत्य के संगतिपूर्ण मिश्रण के द्वारा एकदम अवाक् कर देने वाली चीज़ खड़ी कर दी। दृश्य रूप में वह वस्तु मंच पर इस प्रकार प्रस्तुत हुई कि दर्शक लोग अवाक् होकर देखते रह गये! सिर्फ़ अकेला एक व्यक्ति मंच पर खड़े होकर नृत्य के द्वारा ऐसी अनुभूति प्रस्तुत कर सकता है, यह उस समय दर्शकों की धारणा के ही परे था। वेश-भूषा और साज-सज्जा के उपकरण, अंग-भंगिमाओं की व्यंजनाओं—कुल मिलाकर समेकित प्रभाव द्वारा जिसे आप प्रस्तुतीकरण कहते हैं, जो उस समय के मनुष्यों की दृष्टि में एक भिन्न जगत् था—दादा ने वही प्रस्तुत कर दिया था। और उसकी दादा को जो प्रशंसा मिली वह उनके कैरियर के लिये 'माइल स्टोन' सिद्ध हुई। और वहीं हुई उनकी पहली भेंट और काम का योगायोग हरेन घोष के साथ।

इस दौर को समाप्त हुए एक बरस बीत गया। हो सकता है इससे कम

समय बीता हो, इसी समय उन्होंने कई लोगों को लेकर एक ग्रुप बनाने का निश्चय किया। फलस्वरूप मेरा चचेरा भाई, मेरे अपने काका केदारशंकर और उनकी लड़की कनकलता—कनकलता शायद मुझसे अढ़ाई बरस बड़ी थी—कनकलता की उम्र उस समय मान लीजिए लगभग दस-बारह की होगी—बड़ा सुन्दर चेहरा,...मेरे कई और भाई लोग, मैं, मेरे एक दूर के रिश्ते के मामा, जिन्हें हम लोग मातुल कहा करते थे और एक व्यक्ति बेचू भट्टाचार्य, जिनका अच्छा नाम था अन्नदा शंकर भट्टाचार्य, मँझले दादा के घनिष्ठ मित्र, तबला बजाते थे, एस्राज बजाते थे, गाते भी थे। ये सब लोग मिलकर दादा के दल में शामिल हो गये। उसके बाद माता को लेकर काशी से तुरन्त हम लोग सीधे रवाना हो गये बम्बई की ओर। और बोम्बे से, मुझे याद है एस.एस. गेंजेस जहाज पर, वह लोयेड ट्रिस्टना लाइन का जहाज था, हम लोग सीधे गये इटली के ब्रिन्दिसी नगर। वहाँ पर उतरकर वहाँ से हम लोग गये वेनिस। वेनिस पहुँचकर, बाद में तो मेरा दिमाग़ एकदम ख़राब हो गया। कहाँ हम लोग काशी में रह रहे थे, काशी के घाटों तक ही उन दिनों हमारी दौड़ थी, वहाँ से बम्बई पहुँचकर हम लोगों ने सबसे पहले 'साउण्ड मूवी' जब देखा (मूक फ़िल्म नहीं, जो फ़िल्म देखी वह थी आवाज़ वाली मूवी) जहाँ तक याद है, वह थी मिर्ना लोय की 'नाइट इन कायरो' फ़िल्म, उसी में हम जल्दी घुस गये। हाँ, यह ज़रूर कि शुरुआत के तीन दिन मेरे बड़े कष्ट में बीते थे, दादा काँटा-चम्मच लेकर मुझे ज़बरदस्ती ख़ूब खिलाया करते थे। उसके बाद जहाज का जब 'रॉलिंग-पिचिंग 'बुरी तरह हिलना-डुलना और हिचकोले खाना शुरू हुआ तब मैं देखता हूँ कि मैंने जो कुछ 'स्पागेटी-टेगेटी' खायी थी वह सब निकल गयी। इसके बाद मेरी हालत ऐसी हो गयी थी कि मैं चार-पाँच दिन तक 'स्पागेटी' खा ही नहीं सका था। इसके बाद ट्रेन पर बैठकर हमने दौड़ लगायी पारी अर्थात् पेरिस की तरफ़।

पेरिस में तो घर-वर पहले से तैयार ही था। साँ मेंतेयाँ रू दे पारी। एलिस बोनर तो बहुत बड़ी धनी व्यक्ति थी, उन्होंने पहले से ही घर किराये पर ले रखा था, फिर उन्होंने सारा इन्तज़ाम भी बढ़िया तरीक़े से कर रखा था। वहीं जाकर हम सब लोग हाजिर हो गये। वह बहुत विशाल भवन था, कुल मिलाकर आठ-दस कमरे, नीचे बहुत बड़ा हॉल। वहीं पर हमारी 'प्रेक्टिस' शुरू हो गयी, वहीं पर दादा ने शुरू कर दिये अपने सारे रचनात्मक

कार्यकलाप, जो कुछ उनके दिमाग़ में पहले से ही थे। भारत में उन्होंने जो कुछ देखा था, वही कथकलि, मणिपुरी, छाऊ लोक नृत्य, जो कुछ चित्रकला, भास्कर्य, देश के नाना अंचलवासियों की नृत्यभंगिमायें, उनकी क्रियायें, उनके प्रसाधन, साज-सज्जा, उनके नाम—यहाँ पर यह बता देना ज़रूरी है कि एलिस बोनर स्वयं भी अच्छी मूर्तिकार और चित्रकार थी, वह दादा के साथ भारत में जहाँ-कहीं भी गयीं वहाँ से महिलाओं की दुलरी, गले के हार, कमर की करधनी, शरीर के अनेक अंगों के आभूषण, पैरों की पायलें, उनकी पोशाक—सभी का संग्रह कर लायी थी। इसके अलावा पेरिस का वह भवन भारत से लाये गये हज़ार-हज़ार मीटर कपड़ों से तब छा गया था। सोच कर देखिये, डेढ़ सौ भारतीय वाद्ययन्त्रों की बगल में यह सब था। मानो भारतीय संस्कृति और उसके विशुद्ध ब्यौरों को गढ़ने का एक यज्ञ चल रहा हो वहाँ। फिर मेरी हालत के बारे में सोचो। यह सब देख-सुनकर मुझे तो जल्दी-जल्दी बुखार आना शुरू हो गया। वह एक ऐसा दौर था जिसमें उत्सुकता के कारण मैं बुखार का शिकार हो गया। वह गन्ध, वह आवाज़, सिर्फ़ सरोद की आवाज़, सितार की आवाज़, तालवाद्यों की आवाज़, जलतरंग, तबलातरंग...दादा ने एक अनोखा परिवेश गढ़ डाला था पूरी तरह एक विदेशी स्थान, काल पात्रों को लेकर। आह, मैं बताना भूल ही गया हमारे उसी दल में तब हाजिर हो गये तिमिरवरण, सितार कलाकार विष्णुदास शिराली महाशय ने भी हमारे उस दल को सहयोग दिया था। शिरालीजी उस समय ख़ूब जवान थे, वे हमसे पहले ही लंदन आ गये थे, वहीं जब उन्होंने पेरिस आकर हमारे दल को सहयोग दिया, तब मैं उनके सांगीतिक प्रदेयों से तो पूरी तरह स्तब्ध रह गया उनकी बहुआयामी प्रतिभा से, वे भद्रपुरुष तबला भी बहुत अच्छा बजाते थे, वे विष्णु दिगम्बरजी के शिष्य थे, मुख्य रूप से वे एक गायक थे। वे तबला तो बजाते ही थे, उसके साथ तबला तरंग, जलतरंग, काष्ठ तरंग भी बजाते थे। फिर सितार भी बहुत अच्छा बजाते थे। गायकी शैली उन्होंने बहुत अच्छे उस्ताद के पास रहकर सीखी थी, उसमें आलाप का ही अंग अधिक था, ख़ूब तैयारी के साथ बजाना, नहीं तान के साथ बजाना नहीं, उनका हाथ इतना मीठा था, विशेषकर गवैये होने की वजह से कि उन्होंने मुझे एक बार ही मुग्ध कर दिया था। फिर उसके ऊपर तिमिर दा का वह सुन्दर सरोद—उसके कुछ दिन पहले ही तो वे मैहर से सीख कर आये थे। उनके सरोद में उस समय पूरा भाव बाबा अलाउद्दीन ख़ाँ का रहता था। जीवन

के वे कई मास मेरे लिये कभी भूलने वाले नहीं हैं। और मैं, जब जो भी करने की इच्छा हुई उसी क्षेत्र में घुस पड़ता था, नाचता था, जब जो इच्छा हुई, वही वाद्ययन्त्र लेकर बजाने लगता था किसी तरह की कोई तालीम नहीं, कोई शिक्षा नहीं। अन्ततोगत्वा मैंने एक छोटा-सा एस्राज और सितार चुन लिया और उन्हीं को बजाता रहता था। दादा मुझे देखकर ख़ूब उत्साहित किया करते थे। तो कभी तबला लेकर बैठ जाता था और कभी बाँसुरी लेकर। मुझे किसी को सिखाना भी नहीं पड़ता था, स्वत:प्रेरणा से कैसे तो मैं इन वाद्यों को आयत्त कर लेता था, और इसी तरह से उस दल के आर्केस्ट्रा में मैं शामिल हो गया।

इसके बाद तो उस स्थान को छोड़कर हम पेरिस की दूसरी जगह चले गये, एक अथवा डेढ़ेक बरस के बाद मेरे बाबा (श्यामशंकर चौधुरी महाशय) बीच-बीच में हमारे यहाँ आने लगे। वे उस समय 'लीग ऑफ़ नेशन्स' के काम से लंदन में ही थे। तभी मैंने दादा और बाबा के बीच में कैसा सम्बन्ध था उसे देखा। इतना अच्छा कि यह सोचा ही नहीं जा सकता था कि वे बाप-बेटे हैं। वे बाप-बेटे से अधिक मित्र जैसे थे, क्योंकि १९२० में दादा जब लंदन चले आये तब बाबा जल्दी-जल्दी लंदन आ जाते थे और किसी-न-किसी बहाने से वहाँ समय व्यतीत किया करते थे। फिर झालावाड़ के महाराजा भी उन दिनों वहीं पर थे, फलस्वरूप उनके संस्पर्श से दादा का जीवन बहुत उत्तम तरीक़े से बीत रहा था और दादा के साथ जो आत्मीयता अथवा घनिष्ठता थी वह उसी समय से ख़ूब पुष्ट होने लगी थी। भारत में वैसी आत्मीयता नहीं थी, ऐसा नहीं है किन्तु यहीं पर वह बहुत बढ़ गयी थी। जैसा कि कहा जाता है विदेश में, विदेशी भूमि में जिस तरह जल्दी घनिष्ठता हो जाती है।

ये सब चीज़ें तो थीं ही, फिर भी और भी कई घटनायें घट गयी थीं हमारी इस ट्रिप से पहले, जिससे दादा और बाबा ख़ूब नज़दीक आ गये थे। जैसे १९२४ तक जब दादा अपनी कला में ट्रेनिंग समाप्त कर आये तब बाबा यहाँ थोड़ा रुककर कहना चाहूँगा कि बाबा बड़े विचित्र व्यक्ति थे। हिन्दी में जिसे कहा जाता है हरफनमौला अर्थात् सभी तरह की विद्याओं में पारंगत, वे पढ़ाई-लिखाई से लेकर कला, राजनीति, सभी चीज़ों में अपना उत्साह प्रदर्शित करते थे, सब विषयों की चर्चा, सभी में दख़ल रखते थे। क़ानूनी विशेषज्ञ तो थे ही, बार एट लॉ थे। तो ऐसे व्यक्ति थे मेरे बाबा,

तो सहसा उनमें एक झोंक उत्पन्न हो गयी कि मैं एक शो करूँगा। उन्होंने एक नाटक लिख मारा, सांगीतिक नाट्यरूपक, एक मामूली कहानी के आधार पर, वही सहस्त्र रजनी चरित्र में अबू हुसेन जैसी एक कहानी को लेकर। उसके बाद उन्होंने दादा से कहा—तू मेरी कुछ मदद कर। तो दादा ने उसके प्रस्तुतीकरण, निर्माण और नाच-वॉच के मामले में ख़ूब मदद की। तो लड़के-लड़कियों को लेकर वह प्रस्तुति और वह सब नृत्य सब कुछ एक अपूर्व प्रदर्शन हो गया। उस युग में इतना परिष्कृत, इतना मोहक प्रदर्शन किसी ने किया हो ऐसा याद नहीं आता। संगीत और नृत्य की विविध संरचनाओं के साथ एक पूर्ण प्रस्तुति जिसका कुछ तो बाबा ने तैयार किया और कुछ दादा ने। नृत्य के अलावा दादा ने कुछ साज-सज्जा वेश-भूषा आदि का प्रदर्शन किया था और इसी के साथ कुछ जादू जैसी चीज़ें भी दिखायी थीं। उसमें 'मैजिक 'के अनेक कारनामे भी थे। फिर सारी जगहों को छोड़कर आख़िर शो हुआ कहाँ वहीं, कोवेन्द गार्डन में। अभ्यागतों में कौन-कौन थे, इसका मुझे ठीक-ठीक पता नहीं है। फिर भी अनेक महराजा-राजा थे। उस सुदूर १९२४ के ज़माने में ऐसी जगह पर ऐसा भव्य शो कोई मामूली बात नहीं थी।

अन्ना पावलोवा

दादा से उनके मित्र-कलाशिक्षक विलियम रोथेंस्टाइन ख़ूब प्रेम करते थे। वह शो देखने वे भी आये थे। और वहीं पर संयोगवश दादा की भेंट हो गयी अन्ना पावलोवा से। अन्ना पावलोवा अर्थात् विश्वविख्यात नृत्य कलाकार, जिसे उस समय दुनिया की पहले नम्बर की प्रतिभाशाली नृत्यांगना माना जाता था। रूसी बैले का प्रसंग आने पर जिसका नाम लोग एक साँस में ही कह डालते थे। जब वह 'टूर' पर निकली थी, उस समय कम या अधिक पेरिस में ही रहा करती थी। उसके बैले दल की विराट कम्पनी थी, और इस भेंट के डेढ़ेक बरस पहले वह भारत भी आ चुकी थी। वह १९२७ अथवा १९२८ का वर्ष होगा। तो उस समय भारत के कुछ नृत्य उसे सम्भावना से भी अधिक अच्छे लगे थे। जैसे घाँघरा-आँघरा आदि के नाच, और वे सब उसके दिमाग़ में भी घूम रहे थे, वैसी ही कोई चीज़ करने की उसकी भी इच्छा थी। चूँकि वह यह सब सोच रही थी, इसलिए

रोथेंस्टाइन शो देखने उसे साथ लेकर आये थे। शो तो उसे ख़ूब अच्छा लगा था, किन्तु सर्वाधिक तो वह अपना मन दादा को दे बैठी थी। वह अक्षरशः उन पर फिदा हो गयी थी, उनकी देहयष्टि, उनका व्यक्तित्व, उनके नाच सब कुछ पर वह महिला मुग्ध थी। उसने तुरन्त घोषणा कर दी, वह मुझे चाहिए। "भारत भ्रमण के बाद मैं जो सब 'आइडिया' लेकर आयी हूँ उन्हें अपने आगामी सफ़र में साकार करने के लिए मुझे उदय शंकर की मदद की ज़रूरत है।" विलियम रोथेंस्टाइन—जो कुछ मैंने सुना है—इससे ख़ूब दुःखी हुए थे—कारण, दादा को वे बहुत चाहते थे, वे चाहते थे दादा अपने चित्रांकन के जीवन में ही बने रहें, चित्रकला की और भी शिक्षा ग्रहण करें, उसमें और काम करें। किन्तु पावलोवा की घोषणा का जो परिणाम हुआ, उसे वे रोक नहीं पाये। वे शिल्पकला में ही दादा का उज्ज्वल भविष्य देख रहे थे। और दादा भी ऐसा नृत्य करने लगे, ऐसा नाच रहे थे, फिर उसके ऊपर अन्ना पावलोवा का ऐसा 'ऑफर'। उस ज़माने में पावलोवा—उसके बारे में मैं क्या कहूँ—वह अपनी ख्याति और प्रभुत्व के चरम शिखर पर थी। दादा उसके नृत्य-दल में शामिल हो गये। उसमें डेढ़ेक बरस बने भी रहे। फिर वे पूरे संयुक्त राष्ट्र, कनाडा, दक्षिण अमेरिका में घूमते भी रहे। उस नृत्य-दल के लिए उन्होंने दो बैले भी रच डाले—'एन इण्डियन मैरिज' और राधा-कृष्ण अर्थात् 'एक भारतीय विवाह' और दूसरा था राधाकृष्ण। 'एन इण्डियन मैरिज' का संगीत भी एक बंगाली महिला ने बनाया था—उसका नाम था कोमलता बनर्जी। उसे पाश्चात्य संगीत की भी अच्छी जानकारी थी। काफ़ी समय बाद जिन दिनों मैं ऑल इण्डिया रेडियो में काम करता था तब मैं उसे रेडियो में भी ले आया था। ख़ैर जो भी हो, घटना यह हुई कि 'राधाकृष्ण' नृत्य में दादा कृष्ण बनते थे और पावलोवा राधिका।

सृजन

डेढ़ेक बरस तो दादा ने इसी तरह बिता दिया, इसी बीच उनके मन में विचार आया कि उन्हें कुछ अपना करना चाहिए। इस डेढ़ेक बरस में नृत्य-परिकल्पना और उसकी प्रस्तुति के सम्बन्ध में उनकी इतनी शिक्षा हो गयी थी कि उनके भीतर की 'क्रिएटिविटि' उन पर एक दबाव डालने

लगी। लोग ऐसा सोचने लगे जैसे उन्होंने पावलोवा से नृत्य सीखा हो, यह एकदम सत्य नहीं था। उन्होंने और भी बहुत कुछ सीखा था, जैसे स्टेज क्राफ्ट, लाइटिंग, परिमिति-बोध अर्थात् स्टेज के सीमित समय में कितना और कैसे नृत्य प्रदर्शित किया जा सकता है। अब भी तुम देखोगे कि मंच पर हमारा एक-एक पद-संचार सोलह बार या अठारह बार अगर चल रहा है तो चलता ही जा रहा है, इस सम्बन्ध में दादा का सिद्धान्त था तीन या चार बार, इससे अधिक नहीं, हो सकता है दो बार ही हो। इसके साथ उनकी समयबद्धता को जोड़ो—एकदम घड़ी देखकर ठीक समय पर शो शुरू कर देना। समय का पालन उनका एकदम पाश्चात्य रीति के अनुसार होता था। इसके बाद प्रस्तुतीकरण, वेश-भूषा इन सब पर उन्होंने मंच के जादुई प्रभाव को बढ़ाने के लिए इतना चमत्कृत रूप से अधिकार कर लिया था कि इसका बहुत कुछ श्रेय एलिस बोनर को भी जाता है। जिसकी चर्चा मैंने पहले ही की है, थोड़े समय में ही उन्होंने कला की पूरी तरह से एक नयी शैली निर्मित कर ली थी जिसमें बैले अथवा पाश्चात्य नृत्य रूप का कुछ भी नहीं था। इसकी संरचना, इसकी प्राणवत्ता, इसका चरित्र तो था कथकलि, थोड़ा भरतनाट्यम्, थोड़ा ग्रामीण नृत्य और इसी के साथ उन्होंने जोड़ दीं अजन्ता, एलोरा, खजुराहो, एलीफेंटा इत्यादि प्रतिमाओं की नृत्य भंगिमाएँ और मूर्छना। पत्थर में हिम की तरह ठण्डी भंगिमाओं को उन्होंने रक्तमाँस की सजीवता और गति प्रदान कर दी। वे अपनी कल्पना से नृत्य को भारतीय ऐतिह्य की रसभूमि से बाहर निकाल लाये।

इस बार दादा मानव देह के भिन्न-भिन्न अंगों के काम को लेकर व्यस्त हो गये। जैसे हाथ को लीजिये। हाथों को ही किस तरह और कितनी दृष्टियों से नृत्य-कला में प्रयुक्त किया जा सकता है। यहाँ पर हाथों का मतलब सिर्फ़ उँगलियाँ या पूरी हथेली ही नहीं है, पूरा हाथ, बाँह उसके बाद कन्धे। गर्दन। सिर। कमर। पूरी देह यष्टि और धड़ का लचीलापन, पैर। अत्यन्त तनावयुक्त जटिल रूप में नहीं, बड़ी रमणीयतापूर्वक, लालित्य के साथ, एक प्राणवन्त छन्द में आबद्ध। अर्थात् शरीर के पूरे गठन, पूरी प्रतिमा को लेकर उनका एक प्लान था। नृत्य की तैयारी के समय यह उनके दिमाग़ में रहता था। उस प्लान के अनुसार पूरा एक 'स्टाइल' ही उन्होंने बना डाला था। धीरे-धीरे उस स्टाइल को उन्होंने हमारी आँखों के सामने खोलकर रख भी दिया था। हम लोगों ने वह सब सीख लिया, बाद

में हम लोगों ने देश वापस आकर गुरु शंकरन नम्बूदरी पाद से कथकलि नृत्य की भी शिक्षा ग्रहण कर ली। अर्थात् दादा कथकलि से बहुत प्रभावित थे विशेषरूप से जब मुद्राओं और भाव-भंगिमा के द्वारा कोई कथा कहते हुए नवरसों की अभिव्यक्ति की जाती थी। इसका प्रमाण उनकी परवर्ती नृत्य रचनाओं जैसे 'कार्तिकेय' और 'शिव पार्वती' नृत्य में देखने को मिलता है। दादा और माँ के रिश्ते के उसी प्रसंग पर पुनः आता हूँ। चूँकि बड़े बेटे होने की वजह से माँ की उनके प्रति कुछ ज़्यादा ही निर्भरशीलता थी। मैं एक तो छोटा बेटा था, इसके अलावा माँ का मैं दुलारा भी बहुत था, मैं देखता था दादा और माँ का कितना सुन्दर सम्बन्ध था! हम लोग जब पेरिस में रह रहे थे, वही 'रू दे बेल मेदेर' की बात ही ज़्यादा याद आती है बाबा अक्सर आते थे, दो-चार दिन रहकर चले जाते थे। उस वक़्त मैं देखता था, परिवार में भयंकर तनाव पैदा हुआ जा रहा है। कारण, माँ किसी भी तरह बाबा का यह वियोग, परिवार छोड़कर दूसरी जगह रहने को कभी स्वीकार नहीं कर पाती थीं, उन्हें यह पसन्द ही नहीं था, उनकी नाराज़ी और पिता के प्रति उदासीनता सभी कुछ उजागर हो जाती थी, और हम सभी ख़ूब परेशान हो जाते थे। एकदम असुविधाजनक और बेचैनी से भरा परिवेश तैयार हो जाता था, हम सब लोग तनाव में रहने लगते थे। हम देखते थे माँ का ध्यान आकर्षित करने के लिये बाबा ख़ूब चिल्ला रहे हैं, जोर-जोर से बोल रहे हैं, और माँ उस पर कोई ध्यान ही नहीं दे रही हैं। तब हमें लगता था माँ शायद बाबा पर कुछ ज़्यादती ही कर रही हैं। हम लोग कुछ कह तो पाते नहीं थे, अन्दर-ही-अन्दर हमारी भावनायें घुमड़ती ही रहती थीं। कहना नहीं चाहिए, बाबा पर बचपन से ही हम लोगों की ख़ूब नाराज़ी थी। जब हम लोग यह देखते कि अन्य स्त्रियों से बाबा का संसर्ग होने के कारण माँ अपने जीवन में कितना कष्ट पा रही हैं। इसलिए पेरिस के जीवन में परिवार के मुखिया ही थे दादा। माँ उन्हें उसी नज़र से देखती ही थीं। आपस में वयस्कों की तरह ही बातचीत करते थे। बड़ा अद्भुत स्नेह था, वात्सल्य और सम्भ्रम से भरा हुआ। और बाबा के साथ दादा के एक बन्धुत्व के चेहरे की, उनके प्रगाढ़ सम्बन्ध की बात तो मैं पहले ही कह चुका हूँ, दादा का घर में बुलाने का कोई नाम था, ऐसा मुझे याद नहीं आता है, बाबा-माँ दोनों ही उन्हें उदय कह कर ही बुलाते थे।

इस सुअवसर पर एक बात बता देना बहुत ज़रूरी है। बीच-बीच में पता

नहीं क्यों मुझे ऐसा लगता था जैसे मैं अन्ना पावलोवा का नाच देख रहा हूँ। फिर भी सत्य कहने में कोई हर्जा नहीं है मैंने अन्ना को कभी नहीं देखा था। कारण, हमारे पेरिस में रहने के समय से दो मास पहले ही उसकी मृत्यु हो गयी थी। किन्तु उसे तत्कालीन मूक फ़िल्मों में इतनी बार देखता था, उसके बारे में पुस्तकों में पढ़ता था, सभी के मुँह से उसकी चर्चा सुना करता था कि मेरे मन में ऐसी धारणा बन गयी थी कि मैं उसे प्रत्यक्ष देख रहा हूँ। दादा के साथ ही उसे देखा था इसीलिए ऐसा सोचने लगा था, किन्तु जब अच्छी तरह याद करने की चेष्टा की, दिन-तारीख़ मिलाकर देखा, तब पता चला कि उसे सचमुच में नहीं देखा था।

दादा में मैंने क्या पाया अगर मुझसे यह प्रश्न किया जाय तो मैं सबसे पहले कहूँगा—मुझे उनमें भारतीयता देखने को मिली। जिस भारतीयता की वजह से हमारी भीषण नाराज़ी रहती है देश की सारी सम्पदा, समृद्धि, संस्कृति-स्वयम्भू अभिभावकों पर—यहाँ तक कि जब संगीत नाटक अकादेमी की स्थापना हुई, तब उन लोगों ने दादा को किस तरह से तुच्छ सिद्ध किया, उनकी अवहेलना की, उन्हें किस तरह नीचा दिखाया, वैसे एक धुरन्धर पुरुष को उन्होंने कोई सम्मान नहीं दिया। इसे मैं कभी नहीं भूल सकूँगा। इस कारण से मुझे आज भी बड़ी तकलीफ़ है शंकरलाल। उनका पूरी तरह पश्चिमीकरण हो गया था, इस बारे में उन्हें यही, संज्ञा दी गयी। उनके नृत्य की नींव क्या है, इसे किसी ने भी नहीं देखा, उनकी जड़ें कहाँ हैं, किस ज़मीन पर उनके पैर जमे हुए हैं। क्या कहूँ, इतनी उत्प्रेरक भारतीयता थी उनकी। उनके नृत्य की इतने ब्यौरों और विविधताओं से भरी संरचनाओं की ओर किसी ने ध्यान ही नहीं दिया। कहीं से भी बैले अथवा कोई विजातीय तत्त्व उन्होंने अपनी नृत्य-संरचनाओं में नहीं लिया, वे अपने नृत्य को भारत का एक प्रतिबिम्ब बनाना चाहते थे, भारत की एक तस्वीर, हू-ब-हू चित्र, आज मैं बार-बार यह कह रहा हूँ और आगे भी कहता रहूँगा, कारण, मैंने उन्हें कई बार चोट खाते देखा है इन्हीं सब कारणों से। मेरे मत से उनके नृत्य का मुख्य अंग था कथकलि, और इन्दाराय भारतीय संगीत, उसके शास्त्रीय और लोकसुर यही उनके नृत्य का परिवेश निर्मित कर देते थे और उनकी नृत्यमूर्ति और वृत्तान्त कहो तो कथकलि और इन्दाराय पर आधारित थे। उनके नृत्य का ध्यान और स्वप्न, उसका केन्द्रीय तत्त्व यही था। मैं निरन्तर यही देखता था कि दादा बार-

बार जाकर यही सब बड़े ध्यान से, घण्टों यही सब देखा करते थे। इन सब बातों का हमें पता है, दादा ख़ुद भी इसी तरह निर्मित हुए थे। वे महाराष्ट्र में जिन दिनों थे—बोम्बे में वे महाराष्ट्रीय तर्ज पर धोती पहना करते थे, उसे चुनयाकर माला की तरह लपेट कर, पैरों के पीछे से उसे इस तरह बाँधते थे, जिससे वह सलवार की तरह लगने लगती थी। परिणाम यह होता था कि उससे वे पैर ख़ूब उठा पाते थे, हम बंगालियों की तरह नहीं जो चुन्नटदार छोर हाथ में लेकर चलते हैं और हमारे पैर इतने खुले रहते हैं। उन्हें धोती पहनने का यह ढंग पसन्द नहीं था। हम लोगों ने भी धीरे-धीरे उसी ढंग की धोती पहनने का अभ्यास कर लिया था। दादा जब भी यहाँ टूर पर आते थे, धोती ही पहनते थे, वही मराठी स्टाइल की। उसके बाद उनके जीवन का जो अल्मोड़ा पर्व शुरू हुआ, उसमें उन्हें धोती पहनने की फुर्सत ही नहीं मिलती थी क्योंकि चलने-फिरने में अनेक तरह की तकनीकी समस्याएँ उन्हें दिखने लगीं, फिर उन्होंने अनेक तरह की सलवारों को पहनने का अभ्यास कर डाला। और उनके छात्रों ने भी एक-एक कर उन्हीं सलवारों को पहनना शुरू कर दिया। मैंने भी तो कई वर्षों तक सलवार पहनी है। फिर भी, वह सलवार एकदम पठानों जैसी नहीं होती थी। यद्यपि उसकी बनावट कुछ-कुछ वैसी ही होती थी। तो भी उसके साथ उन्होंने कभी शर्ट नहीं पहनी। इस तरह की छोटी-मोटी चीज़ों में भी दादा किस प्रकार भारतीयता का ध्यान रखकर चला करते थे। मानो वे हर क्षण अपने को संसार के सामने एक विशेष मूर्ति में प्रस्तुत करते थे। इसे मैं श्रेष्ठ जाति के शोमेनशिप के रूप में सदा वर्णित करता आया हूँ।

वे 'ड्रिंक' करते थे, नियमित रूप से 'ड्रिंक' करते थे, किन्तु कभी भी मैंने उन्हें अपना आपा खोते नहीं देखा। नियन्त्रण से बाहर होना उनकी प्रकृति में था ही नहीं। उनके जीवन में वैसा घटित होते मैंने कदाचित् ही देखा है। वर्षानुवर्ष वे टूर करते थे एक कल्पना से परे नियमितता और व्यवस्था के साथ। उनके शरीर में असीम शक्ति थी, यह भी मैंने देखा है और शक्ति से भी बढ़कर था उनमें साहस। ग्रेन्ड में रह रहे थे, यद्यपि उसी ब्रिटिश युग में बाथरूम में धोती-कुर्ता पहन कर ही जाना निश्चित कर रखा था। डाइनिंग हाल-वाल में उन दिनों अँग्रेज़ी राज्य में बेहद कड़े नियम थे। यद्यपि वे उसी धोती-कुर्ते में ही वहाँ जाते थे। और जैसे ही किसी ने उन्हें टोका या रोका, वैसे ही उस पर उनका हाथ पड़ा। बात कहने के पहले ही

उनका हाथ उठ जाता था। उस वक़्त बॉक्सिंग ही उनकी भाषा थी। उनका पंजा ही मानो उनकी पहली बोली थी। और वे सचमुच में उस मुक्केबाजी में बहुत कुशल थे। फिर वह चाहे कोई अँग्रेज़ हो, ऐंग्लोइण्डियन हो, कोई देश का व्यक्ति हो, जिसने भी उनका रास्ता रोका, वैसे ही उनकी मुक्केबाजी शुरू हो जाती। फिर उसके बाद तो जो होने को होता वही शुरू हो जाता। वही शोरगुल जैसी बात फिर भी उस झंझट से वे शायद ही कभी भागते, कारण, एक बार उन्हें जैसे ही पहचाना, सभी कहने लगते थे, 'ठीक है, ठीक है।' यह कहते हुए मामला निपटा देते थे।

होटल-ओटल तो मैंने बहुत देखे हैं। और देखी है रेलवे गार्डों के साथ उनकी मारपीट। उन दिनों तो अँग्रेज़ अथवा ऐंग्लोइण्डियन ही इस नौकरी में सबसे अधिक थे। शायद कहीं भी किसी को फर्स्ट क्लास में नहीं चढ़ने देते थे अथवा ऐसी ही कोई झंझट। बस वैसे ही उठ जाता था दादा का हाथ। सच कह रहा हूँ उस समय डर के मारे हम लोग एकदम सिकुड़ जाते थे, सोचते थे अब क्या होगा। फिर दादा भी नरम पड़ जाते थे, वह भी देखने योग्य ज़माना था। एक बार हुआ क्या, जिनेवा अथवा और कहीं, यह ख़बर मिली कि सी.के. नायडू दादा से मिलने के इच्छुक हैं। दादा ने उस समय इस तरह का व्यवहार किया कि जैसे कोई राजा-महाराजा उनसे मिलने आया हो। हम लोगों ने सी. के. को पहचान लिया, वह एक महान क्रिकेट खिलाड़ी थे। किन्तु, दादा के लिए कोई क्रिकेटर नहीं, मानो कोई राजा हो। उन्होंने इसी भाव से नायडू का अतिथि-सत्कार किया। असल में किसी भी गुणी व्यक्ति के प्रति दादा का ऐसा ही व्यवहार रहता था। वास्तव में यही स्वभाव था दादा का, नरम, कोमल, विनयी, कलात्मक, सुरुचिपूर्ण, प्राणवन्त। फिर अगर किसी वजह से खीज गये तो फिर शुरू हो जाता था ताण्डव नृत्य। एकदम शिव जैसा स्वभाव, शिव जैसा ही नाचते भी थे, थे भी शिव जैसे ही। मैं तो उन्हें सदा श्रद्धा के आसन पर बैठाकर प्रेम करता रहा हूँ। 'वे जो कुछ थे, उस कारण से मैं उनका बहुत आदर करता था, वे थे भी बहुत मज़ेदार। फिर कभी-कभी मुझे बहुत ख़राब भी लगता था, जब मैं देखता था कि वे बहुत अधिक उग्र और हिंसक हो उठते थे। यह देखकर मैंने कई बार विद्रोह भी किया है। याद है एक बार किसी स्टेशन पर बहुत अच्छी कचौड़ी देखकर मैं अपना लालच रोक नहीं सका, ख़रीद कर बड़े आराम से मन भरकर खा रहा था

कि पास के डब्बे से दादा उतर कर आये और धमकाकर बोले, ख़बरदार खाना नहीं, सोचो, मेरे मन की हालत तब क्या हुई होगी। दरअसल वे, अब मैं उनकी बात समझ सकता हूँ बैक्टीरिया, प्रदूषण आदि से बहुत डरते थे। उस वक़्त बिसलरी आदि तो सभी जगह मिलती नहीं थी। गरम-अरम जल अगर नहीं मिला तो सोडा वाटर चाहिए चाहे जैसा पानी कभी छुओगे नहीं। पूरे समय नज़र रखते थे कि कहीं कोई उल्टा-सीधा खाने तो नहीं बैठ गया है। इतनी कड़ाई के कारण कभी-कभी मैं विद्रोह कर बैठता था।

और याद है एक बार किसी वजह से मुझे उनकी ख़ूब डाँट खानी पड़ी थी। मेरा स्वभाव थोड़ा नकचढ़ा है। कैसा तो मुझे क्रोध हो आता था। एक बार सँझले दादा किसी वजह से मुझे डाँट रहे थे, मैं कहीं से एक तख़्ता ले आया और उन्हें ललकारने लगा, देखता हूँ तुम मेरा क्या बिगाड़ लोगे! तब वहाँ जितने लोग उपस्थित थे, वे हँसें या रोयें यह समझकर उठ नहीं पा रहे थे। और मैं उन्हें ललकारता ही जा रहा था। मैं तो सदा से ही सिरचढ़ा रहा हूँ, यह स्वभाव बहुत बुरा है। दादा के साथ स्टेज पर एक बार ऐसी ही घटना घट गयी थी।

एक बार दादा का मिज़ाज बहुत बिगड़ा हुआ था, मुझ पर पता नहीं क्यों ख़ूब झल्ला रहे थे, बोले, क्या कर रहे हो यहाँ और मैं लोहे की कोई छड़ जिसे ताले के स्थान पर दरवाज़े में लगाया जाता था, उसे लेकर ख़ूब गरज रहा था, मैं उस समय निरा बालक था, यही कोई बारह या तेरह बरस की उमर होगी, यह देखकर सभी हक्के-बक्के रह गये और मेरा गर्जन-तर्जन भी चलता रहा। मेरा यह काण्ड देखकर, दादा कुछ न कहकर वहाँ से चले गये। तो मैं कह रहा था, ऐसी ही दो-चार छोटी-मोटी घटनायें दादा के साथ एक आध बार घटी हैं। फिर भी दादा के बारे में मैं क्या कहूँ वे मुझे बहुत अच्छी तरह से समझते थे, और बड़े प्यार से मुझे सम्भाल भी लेते थे कि धीरे-धीरे मेरे-उनके बीच में एक अच्छा सम्बन्ध बन गया था एक अद्‌भुत समीकरण, एक प्रेम भरा सम्बन्ध! फिर जब मैं उनके नृत्य-दल को छोड़कर बाबा के पास सितार सीखने मैहर चला गया तब मुझे उनकी बहुत याद आती थी, सचमुच मैंने उन्हें खो दिया।

फिर दादा जब अपनी ख्याति के शिखर से नीचे उतर आये तब यह बड़ी दुःखद घटना हुई। अल्मोड़ा में मैंने दादा को जिस रूप में देखा था, उसका वर्णन भाषा में नहीं किया जा सकता। वह उनके जीवन का सर्वोच्च शिखर

था। तीन श्रेष्ठ गुरुओं—बाबा अलाउद्दीन, शंकरन नम्बूदरी और कण्डप्पन पिल्लई इन्हें लेकर एक विस्मयकर प्रयास। सभी श्रेष्ठ संगीतज्ञ उनके दल में उपस्थित थे—नृत्य में भी कैसी सब प्रतिभायें थीं। रुपये की जितनी ज़रूरत होती, सब आ जाता था, उनके छात्र तो उन्हें भगवान की तरह मानते थे—सब कुछ एक सपने की तरह घटता जा रहा था। यहीं पर इसी समय उनकी जीवन शैली और उनके काम-काज के स्टाइल में ऐसा कुछ घट गया। भारतीय जीवन और नृत्य को लेकर ही उनका सम्पूर्ण काम था किन्तु, उनका निजी जीवन किस प्रकार पश्चिमी प्रभाव से आक्रान्त हो गया, उसका पूरी तरह पश्चिमीकरण हो गया। पाश्चात्य मनुष्यों की तरह दो टूक बातचीत, सीधे और खुले कार्य-कलाप, एकदम सीधी दृष्टि देखने का सीधा नज़रिया, एकदम चाक-चौबन्द व्यवस्था—इस देश के लोगों की तरह घुमा-फिराकर छल-कपट के साथ व्यवहार करना उनकी प्रकृति में था ही नहीं। धीरे-धीरे वे इस परिवेश में और भी अकेले पड़ते गये। बाहर की आर्थिक सहायता ही उनका मुख्य आर्थिक स्रोत था, युद्ध तथा अन्य कारणों से वह भी बन्द हो गया, देश के किसी संस्थान से सहायता मिली नहीं, उधर एलमहार्स्ट की ओर से जो सहायता मिलती थी, वह भी समाप्त हो गयी, दादा की वह विशाल महत्त्वाकांक्षी योजना इतने थोड़े समय में ही नष्ट हो गयी, जिसके बारे में सोचकर ही हृदय धड़कने लगता है। दादा फिर से इसे चालू नहीं कर सके, उनका इतना बड़ा काम नष्ट हो गया। इधर देश की जो हालत थी, उसमें व्यक्तियों के सामने हाथ फैला-फैलाकर इतनी बड़ी योजना चलाना सम्भव न था। उन्होंने अल्मोड़ा का केन्द्र बन्द कर दिया। चले गये मद्रास, फिर मेरा भी उनसे सम्पर्क टूट गया, उनके काम और नृत्य से।

उसके बाद जो कुछ हुआ वह थी मेरी सितार बजाने के प्रति एकनिष्ठा, मेरी प्रतिबद्धता, उसी के बीच-बीच में जब अवसर मिला अन्ततः वर्ष में एक बार उनसे मेरी भेंट होती थी। वे भी जब कभी अपने टूर पर निकलते थे, उसी दौरान मुझसे मिलते थे। १९४३ ई. तक इसी तरह से चलता रहा, १९४३ के बाद लगभग सारे योग-सूत्र छिन्न हो गये। वे मद्रास में रहने लगे, उनका 'डांस सेंटर' पूरी तरह बन्द हो गया, फिर वे भी 'कल्पना' चलचित्र के निर्माण में व्यस्त हो गये।

और हाय, क्या छबि बनायी दादा ने 'कल्पना'! ऐसी सर्वोच्च, सर्वोत्कृष्ट

कलात्मक छबि भी उस समय के भारत में सोची जा सकती थी। यह उनका दूसरा चमत्कार था, जो उन्होंने कर दिखाया, कैसे कर डाला यह करिश्मा यह सोचने की बात थी! सत्यजित से लेकर राजकपूर तक कौन नहीं मुग्ध हो गया यह छबि देखकर। पता चला है, अन्धकार होते ही बैठे-बैठे सत्यजित ने छोटे क़ैमरे से इसकी तस्वीरें भी खींची थीं। उच्च तकनीकी स्तर की यह अद्‌भुत सृष्टि थी। किन्तु, उसके बाद ही क्या-से-क्या हो गया, वे मद्रास से कलकत्ता चले गये। उनके काम के साथ उनके व्यक्तित्व पर भी मानो अवसाद की एक छाप पड़ने लगी। उस समय भी वे काम कर रहे थे, सब कुछ हो भी रहा था, किन्तु, फिर वह जादू लौटकर नहीं आया। देश की जो परिस्थिति थी, उसमें उनके लिए पर्याप्त धन जुटाना कठिन हो गया था। यद्यपि वे इतने व्यावहारिक भी नहीं थे कि अपनी कल्पना या अपने सपने को थोड़ाथोड़ा कम करके काम करते जायें—उनकी आत्मा अभी भी बहुत महत्त्वाकांक्षी थी, किन्तु उनके आसपास का संसार पूरी तरह बदल चुका था। इस वजह से उनका क्षोभ, उनका दुःख तो बढ़ना ही था। यद्यपि अपने सपने से नीचे उतर आने वाले व्यक्ति वे थे ही नहीं। इसी बीच मेरी भी ख्याति फैलने लगी थी। दौड़धूप बढ़ गयी थी, टूर के बीच-बीच में मैं जब कलकत्ता आता था तब उनसे भेंट होती थी। और जितनी भी बार उन्हें लौटकर देखता था, मन बोझिल हो जाता था। अन्त में फिर उनके बहुत निकट हो गया, पता है कब १९६१ में रवीन्द्र जयन्ती के पहले। जब उनके पास जाकर मैंने उनसे कहा, आओ दोनों लोग मिलकर एक काम करें रवीन्द्रनाथ को लेकर। अगर आप एक बैले नृत्य बनायें तो मैं इसके लिए संगीत तैयार कर सकता हूँ। और इसी तरह से बनी 'सामान्यक्षति' मामूली हानि। थोड़े समय में ही कितनी चमत्कारपूर्ण एक चीज़ आकर खड़ी हो गयी। और उस पूरे कार्य के दौरान दादा कितने ख़ुश थे! हाँ ठीक कह रहे हो, मैं कलकत्ते में जब किंशुक के अनुष्ठान में बजाने गया न्यू एम्पायर में, सवेरे-सवेरे दादा आये थे सुनने। यह बात १९६९ के प्रारम्भ की है। परमेश्वरी बजायी थी।

दादा की छाया नाटिका, 'शंकरस्कोप' आदि तो तुमने देखी ही है। उनकी अधिकांश नाट्‌य संरचनाओं में स्वच्छन्दतावाद और शास्त्रीयता का सामंजस्य रहता ही है। सबसे बड़ी बात यह है कि उनके सारे कामों में जो एक औचित्य का भाव रहता था, जिसे 'सेंस ऑफ़ प्रपोर्शन' कहते हैं, दादा उसे

बहुत अच्छी तरह समझते थे। उसकी किसी से तुलना नहीं की जा सकती है। किसी भी चीज़ को लेकर कोई सीमातिरेक नहीं, फिर वह चाहे जितनी आँखों के लिए मोहक हो, परिणाम यह होता था कि वे किसी भी चीज़ को उबाऊ नहीं होने देते थे। उनका सिद्धान्त था, कोई किसी भी तरह प्राणों को पूरी तरह तृप्त नहीं करेगा, दर्शकों के मन को थोड़ा भूखा रखेगा, तभी वे बार-बार आयेंगे, प्रेम के साथ तुम्हारे काम का स्मरण करते रहेंगे।

यह जो तुमने रोमांस की बात कही, यह तो दादा के सारे कामों में व्याप्त है। प्रकाश निक्षेप से शुरू कर गति भंगिमा की एक मोहकता परिकल्पना में निहित रहती थी। पूरे मंच पर ही एक माया, एक मोहकता का विस्तार कर देते थे दादा, और इस वजह से सभी कार्यों को एकदम त्रुटि-रहित होना होता था। प्रारम्भ से ही कहीं भी क्षण भर की त्रुटि-विक्षति नहीं चल पायेगी। कारण, जादू अपना काम तभी करता है जब वह पूर्ण हो—जैसे, प्रकाश व्यवस्था का ही उदाहरण लो, कदम-कदम पर इसमें कितनी सूक्ष्म कल्पनायें रहती हैं। प्रकाश योजना में माहिर तापस सेन से तुम पूछो, वे दादा की प्रकाश व्यवस्था से कितने प्रभावित थे। हाँ, सब कुछ के ऊपर दादा की उपस्थिति ही तो थी। स्टेज पर जीवन्त शिव अथवा कृष्ण। अपने जादू के केन्द्रबिन्दु तो वे स्वयं ही थे। इस मामले में वे बहुत प्रभावित थे स्तानिस्लोवस्की की धारा से और माइकल चेखव की भी शैली से जो अन्तोन चेखव का भतीजा था। माइकेल चेखव था एलमहार्स्ट के उसी डार्टिंगटन हॉल का शिक्षक और हम लोगों ने डार्टिंगटन हॉल में बहुत-सा समय गुजारा था।

शिक्षक

डार्टिंगटन हॉल में दादा जो 'क्लास' लिया करते थे उसका गुणागुण, चरित्र भी विश्वास से परे था। लगभग एक सौ छात्र थे और क्लास की अवधि थी एक घण्टा की। उस युग के सभी अच्छे-अच्छे लोग उस क्लास में सीखने आते थे, उनमें से कई ख़ूब ख्यातिमान हुए। बहुत से आज जीवित नहीं है और कई जीवित लोग वृद्ध हो गये हैं, उनमें से लाला भरतराम और चरतराम भी थे। दादा सम्भवत: सभी से कहते थे कि आँख बन्द कर काठ

की मेज़ पर हाथ फेरते हुए चले जाओ। कहते थे, हाथ फेरते रहो। मन-ही-मन-सोचो तुम स्टूडियो के फ़र्श पर हाथ फेर रहे हो। अब कल्पना करो कि तुम पानी पर हाथ फेर रहो हो, सोचो तुम्हारा हाथ पानी में है। अनुभव करो कि जल है। अब सोचो कि तुम गर्म जल में हाथ डुबो रहे हो, गरम जल, पानी की उष्णता का अनुभव करो। शंकरलाल तुम सोच नहीं सकते हो, किस तरह से एक आत्म-विस्मृति, एक समाधि की स्थिति निर्मित हो जाती थी। कई बार तो ऐसा होता था कि गरम जल में जैसे हाथ पड़ गया हो इस तरह से छात्र लोग अपना हाथ खींच लेते थे। और यह सब क्रियायें एक कलात्मक मिज़ाज तैयार करने के लिये की जाती थीं। जिसे एक शिल्पी अपने काम में संक्रमित करना चाहता है। इसके बाद दादा भ्रम को और भी विस्तार देते थे। वे कहा करते थे, सोचो तुम समुद्र के किनारे हो, बालू के ऊपर, पास में ही जल है। अब खड़े-खड़े आँख बन्द कर चलना। जब तुम्हें ऐसा लगे कि तुम्हारी उल्टी दिशा से कोई आ रहा है तुरन्त वहाँ से हट जाओ। चींटियों को देखा है उनके झुण्ड-के-झुण्ड किस तरह धीरे-धीरे एक-दूसरे से मुँह लगाते हुए आगे बढ़ते जाते हैं किन्तु जैसे ही एक-दूसरे का सामना हुआ, एकदम रास्ता छोड़कर दूसरी तरफ़ से निकल जाती हैं। वे कभी आपस में टकराती नहीं हैं। दादा यही उदाहरण देकर उनकी मनोवृत्ति में पायचारी करना, चलना, प्रतिक्रिया व्यक्त करना, इन क्रियाओं को भरकर चेतना की शिक्षा दिया करते थे। इसी तरह से और भी कितनी अद्‌भुत बातें वे सभी को सिखाया करते थे। ओह, यह सब कितना वशीकरण जैसा था।

सिमकी

सिमकी के साथ एक विचित्र प्रकार की 'केमिस्ट्री' निर्मित हो गयी थी दादा की। यह बड़ी विशिष्टता से भरी हुई थी। उसके पहले दादा पावलोवा के साथ भी नाचे थे, किन्तु सिमकी के साथ उनका नाच मानो एक विशेष जगह पर पहुँच गया था। दादा उस वक़्त पच्चीस अथवा छब्बीस वर्ष के रहे होंगे। अपनी उसी भेंट में सामान्य रूप से उन्होंने एक दूसरे को देखा। दादा ने उसके सामने अपने साथ नाचने का प्रस्ताव रखा और उनका आपस में एक असाधारण सम्बन्ध बन गया। उसके बाद भी दादा अनेक

स्त्रियों के साथ नाचे हैं उस समय—किन्तु वह उनकी बड़ी जादूभरी सह-नर्तकी थी। एकदम छोटी उम्र से ही अपने मन के अनुसार दादा ने उसे गढ़ लिया था, इसलिए उनके 'कॉम्बिनेशन' में एक अद्वितीय प्रभाव और माधुर्य रहता था। सिमकी देखने में भी बड़ी मधुर थी। दादा के साथ वह फबती भी इतनी सुन्दर थी कि उनके नाच में एक अनन्य और भिन्न 'केमिस्ट्री' दृष्टिगत होने लगती थी। फिर वैसी 'केमिस्ट्री' कभी नहीं बनी। उसके पहले दादा कई लोगों के साथ नाचे थे, रहे भी थे साथ-साथ किन्तु सिमकी के साथ नाचने में काव्य घटित हो जाता था, वैसा फिर कभी देखने को नहीं मिला। दादा के जीवन में और भी अनेक नारियाँ आयी हैं किन्तु एक जगह पर दादा सिमकी-युग्म मानो पूरी तरह अद्वितीय हैं, अतुलनीय।

बाद में दादा ने वही चीज़ लाने का बार-बार प्रयास किया था अमला बऊदी के साथ अपने जीवन में और नृत्य में अमला बऊदी के साथ उनका गहरा प्रेम हुआ और बाद में विवाह। प्रारम्भ के कुछ वर्ष बड़े आनन्दपूर्ण थे। उसके बाद उन्होंने 'कल्पना' फ़िल्म का निर्माण किया जिसमें दोनों लोगों के अपूर्व रसायन ने काम किया। उसके बाद जो कुछ हुआ, मानो धीरे-धीरे वह 'मैजिक' जैसे विलीन होने लगा। किन्तु सिमकी के साथ यह जादू लम्बे समय तक बना रहा था, विशेष रूप से स्टेज पर उनका जो सम्बन्ध था वह प्रायः १९२५ के अन्त और १९२६ के प्रारम्भ से लेकर जो 'कॉम्बिनेशन' चालू हुआ था वह सेंटर खोलने की अवधि तक अर्थात् १९३९ ईस्वी तक ख़ूब जोरदारी के साथ टिका रहा था। उसके बाद भी वह थी, नृत्य में भाग भी लेती थी किन्तु दादा और उसके उसी जादू में मानो थोड़ा ठहराव आ गया था।

दादा का प्रभाव

दादा के दल के साथ बचपन से ही शामिल होने के कारण वस्तुतः उसी परिवेश में बड़े होने के कारण मेरे रक्त में मानो लय, सुर, छन्द जैसे घुल-मिल गये थे। उसी वजह से बाद में बाबा से सीखने में मुझे कष्ट नहीं हुआ था। सब कुछ तत्काल सीख लेता था। दादा के परिमण्डल के कारण छन्द

और लय के प्रति मेरे मन में बड़ा भारी अनुराग जाग गया था। बाद में मैंने अपना सितारवादन भी चालू रखा था। बाबा के भीतर भी छन्द और लय का बोध बड़ा अचरज भरा था। अन्य शिष्यों को, फिर वह चाहे लड़का हो या लड़की, यह चीज़ वे नहीं दे सके। उन्हें उन्होंने जो कुछ दिया वह ध्रुपदी संगीत है। उसके बारे में क्या कहूँ उसका अत्यन्त मार्जित सुर और चलन होता है। किन्तु बाबा के भीतर जो लोक–तत्त्व था, बचपन में वे यात्रा दल में रह चुके थे, उसमें वे ढोल बजाते थे, ढाक बजाते थे, अनेक तरह से नाचते थे, असल में वही सब दादा के सेंटर में भी प्रस्फुटित होकर निकल पड़ता था। जब हमारे दल में रहते थे, उस वक़्त अनेक लोकगीत भी वे गाया करते थे और साथ–साथ मुझे सिखाया भी करते थे। तो बाबा की उस संगत और दादा के ओजपूर्ण संगीत भरे वातावरण ने मिलकर मेरे मन के भीतर डेरा डाल लिया। मेरे सितारवादन में भी यह ओज तत्त्व आ गया है। इसीलिए आलाप, जोड़, गत, झाला इन सबको बजाने के बाद जो धुन–टुन आज भी बजाता हूँ उसमें उन सब तत्त्वों को ढाल देता हूँ।

बाबा अलाउद्दीन और दादा

अब दादा और बाबा को लीजिये। बाबा अर्थात् बाबा अलाउद्दीन खाँ साहब। वह एक अपूर्व सम्पर्क था। बाबा से दादा ख़ूब प्रेम करते थे और उन पर श्रद्धा रखते थे। और सबसे मज़ेदार बात यह थी कि दादा से मिलते ही बाबा सिर्फ़ यह बात कहा करते थे कि आप मनुष्य नहीं साक्षात् शिव हैं। शिव के अवतार। अर्थात् जो व्यक्ति, सोचने में भी बड़ा अचरज होता है कभी–कभी मैं सोचता हूँ बाबा जो एकदम कठोर, रूखे और पवित्र स्वभाव के थे, जीवन के भोगविलास का जिन्होंने निर्ममतापूर्वक त्याग कर दिया था, जिनके चरित्र में पाप के लिए कोई स्थान नहीं था, पूरी तरह सात्विक...वही बाबा, मैं सोचता हूँ, वे दो व्यक्तियों को अपने जीवन में कैसे सहन कर सके, एक मैहर के महाराजा, विख्यात औरतबाज, अर्थात् उस ज़माने के दस औरतबाजों का अगर नाम लिया जाय तो उनका नाम उस सूची में पहले नम्बर पर रहेगा। यद्यपि 'अन्नदाता' के रूप में बाबा उनके सारे दोषों को सहन कर लेते थे। हो सकता है उनकी नौकरी करते थे, इस वजह से अथवा हृदय से उन्हें प्रेम करते थे इसलिए। पता नहीं,

क्योंकि इस वितर्क की कोई मीमांसा नहीं की जा सकती है। तो भी मेरी धारणा है, गम्भीर प्रेम ही इसका कारण था।

और दूसरा व्यक्ति—मेरे दादा। साफ़-साफ़ देखते थे, समझते भी थे, और जानते भी थे, स्त्रियों का साथ उन्हें कितना प्रिय था। कितनी स्त्रियाँ उनके आसपास सारे समय चक्कर लगाती रहती थीं, उनका साथ पाने के लिए उन्मुख रहती थीं। इसके साथ-साथ उनका शराब पीना भी चला करता था। किन्तु, यह सब होते हुए भी, मैंने यह कभी नहीं देखा कि उन्होंने दादा को दुत्कारा हो, अथवा उनकी जरा भी आलोचना की हो। यद्यपि मेरी बारी आने पर अगर मेरी जरा सी भी त्रुटि देखते तो साक्षात् आग हो जाते थे। वे मुझसे सदा सदाचारपूर्ण जीवनयापन की ही बात किया करते थे। कहते थे अपने स्वास्थ्य का ध्यान रखोगे, शरीर ठीक रखोगे, शरीर को उचित आराम दोगे, तुम्हारे पास जो कुछ शक्ति है, उसे संगीत में ढाल दोगे। बाबा मुझे इसी तरह की शिक्षा दिया करते थे। और दादा के लिए सारे रास्ते खुले थे। वे सारे उपदेशों, निर्देशों से बाहर थे। वे शिव थे। इन दो लोगों के प्रति उनका कितना प्रेम और उन्हें कितना प्रश्रय था, उसकी मैं व्याख्या नहीं कर सकता। विशेष रूप से दादा के प्रति उनके प्रेम, आदर और स्नेह की बात सोचकर अवाक् हुए बिना रह ही नहीं सकता हूँ। जैसे सुना है ठाकुर रामकृष्ण ने गिरीशचन्द्र घोष को सभी तरह की छूट दे रखी थी। यह भी वैसी ही घटना थी।

दादा अन्तिम दौर में

चैपलिन की फ़िल्म 'मॉडर्न टाइम्स' के साथ एक भावगत साम्य शायद मिलता है दादा की फ़िल्म 'लेबर एण्ड मशीन' के विन्यास में। ऊपरी दृष्टि से देखने पर ऐसा लग सकता है कि दादा ने शायद यान्त्रिक प्रगति की निन्दा की है। जैसे दादा ने मशीन की निन्दा की हो, किन्तु, ऐसा कुछ है नहीं। उन्होंने सिर्फ़ इस ओर ध्यान दिलाया है कि एक श्रमजीवी के रूप में अत्यधिक यान्त्रिकता के कारण जो मारे जा रहे हैं और कृषि-कर्म भी नष्ट होता जा रहा है। एक समाजवादी भावना तो उनमें सदा से ही थी, एक समाजवादी आदर्शवाद।

अन्त करने के पहले और एक बात कह रहा हूँ। दादा अगर इतने अच्छे चित्रकार न होते, तो वे इतने अच्छे नर्तक हो ही नहीं सकते थे। उस चित्रकार की दृष्टि से ही उन्होंने अपने अन्तर की दृष्टि खोज ली थी। इसी विज़न, अन्तर्दृष्टि से उन्होंने अपने नृत्य जगत् का निर्माण किया था। फिर वह चाहे चित्र हो, भास्कर्य हो, स्थापत्य हो, इनके भीतर से ही उन्होंने अपना रंग, रस, रूप निकाल लिया था। तुम कह सकते हो वे जब नाचते थे तो वह एक प्रकार की पेंटिंग अर्थात् तस्वीर होती थी। किन्तु इतने सारे गुण होते हुए भी पता नहीं क्यों दादा मुझे एक दुःखान्त नाटक के नायक जैसे लगते हैं। भीषण व्यथा से भरे नायक। अन्तिम जीवन तो उन्होंने बड़े कष्टों से बिताया। हालाँकि वे कितने शक्तिघर, महाशक्तिमान सिंह जैसे पुरुष थे। अन्तिम जीवन में उन्हें उसी शक्ति को लेकर कितने दुःखों-कष्टों से जूझना पड़ा था। उनकी सहनशक्ति की बात अल्मोड़ा की एक घटना से याद आती है। उनके दाँतों को कुछ हो गया था, तो अल्मोड़ा से ख़ुद ही 'ड्राइव' कर दो-अढ़ाई घण्टे का रास्ता तय कर आना पड़ता था रानीखेत। डाक्टर ने कहा—यह तो अंकल का दाँत निकलने का मामला है। मैं तुम्हें दर्द विनाशक कोई दवा दूँगा, आज रात तुम यहाँ से जा नहीं सकते हो, किन्तु दादा की वही जिद 'मुझे तो वापस जाना ही है।' उसी वर्षा में, घोर अँधेरे में, असह्य दर्द के साथ दादा अल्मोड़ा लौट आये। असम्भव शक्ति थी उनमें और भय नाम की कोई चीज़ उनमें थी ही नहीं। ऐसा भी देखा है पेट में असह्य पीड़ा हो रही है, हो सकता है ड्रिंक के कारण हो, हालाँकि नृत्य का समय हो गया है। स्टेज के पास अँधेरे में आँखें बन्द कर ईश्वर का आह्वान कर लिया, वे फिर नटराज हों, या और कोई, और इतना करके मंच पर नृत्य करने उतर गये। उस वक़्त कौन कल्पना कर सकता था कि उनके शरीर की कैसी हालत है।

इस मनुष्य के अन्तिम दिनों में एक ट्रैजडी का संस्पर्श है और क्या। उस समय भी कितने सपने थे, कितनी आकांक्षायें थीं। क्या पता यह ट्रैजडी उनके महत् जीवन को और भी महान् बना सकती थी। उनको श्रद्धा समर्पित करने के अवसर पर सोचता हूँ उनकी स्मृति में एक 'ऑपेरा टाइप' का वैले जैसा कुछ करूँ। गंगा जल से गंगा की पूजा की तरह।

प्रेम का देवता

अमला शंकर

वे मेरे प्राण पुरुष थे और जीवन भर बने रहे। इतने निकटतम व्यक्ति का चित्र आँकना और शब्दों को गूँथ-गूँथ कर उनके अवयवों का निर्माण करना बड़ा कठिन काम है। स्मृतिपथ का अनुसरण करना ही इस विषय में श्रेयस्कर है। और चौंका देने वाले नाटक, उत्तेजना और उच्छ्‌वास का तो कोई अन्त ही नहीं था। उनसे पहली भेंट के बारे में सोचती हूँ जिन-जिन कारणों से विदेशी भूमि में उनसे मिलना हुआ, कितनी बंगाली लड़कियों के जीवन में वैसा घटित होता है, यहाँ तक कि आज भी वैसी घटना नहीं घटती है। फिर यह तो लगभग ८०-८१ वर्ष पहले की घटना है। विदेश-वाणिज्य-यात्रा पर अगर बाबा अक्षय कुमार नन्दी मुझे साथ न ले जाते तो फिर मेरा जीवन किस पथ पर प्रवाहित होता कहना कठिन है। बारह वर्ष की लड़की को साथ लेकर पेरिस जाने का उन्होंने जो संकल्प लिया था, आज उस संकल्प को मैं महामूल्यवान पितृ आशीर्वाद के रूप में समझती हूँ।

१९३१ ईस्वी में फ्रान्स के आमन्त्रण पर ही यह यात्रा की गयी थी। पेरिस नगर में 'इण्टरनेशनल कोलोनियल एक्सपोजीशन' नाम से एक विशाल प्रदर्शनी का आयोजन किया गया था। उसमें हमारे आभूषणों के कारखाने 'इकॉनॉमिक ज्वेलरी वर्क्स' का स्टॉल लगना था। हाँ, उस प्रदर्शनी में हम लोग भारत के विभिन्न अंचलों से हस्तशिल्प के कई नमूने ज़रूर ले गये थे। पेरिस नगर के दक्षिण-पूर्व प्रान्त के बाया दे मानसी अर्थात् मानसी के वोन नामक एक वन के भीतर। कलाकृतियों के प्रदर्शन और विक्रय के अलावा प्रत्येक देश के अपने-अपने नृत्य-गायन के कार्यक्रमों की भी व्यवस्था की गयी थी। मादाम नियता नियका को भारतीय नृत्य प्रदर्शनी

का दायित्व सौंपा गया था। नियता के अनुरोध पर भारतीय नृत्य प्रस्तुत करने के लिए मेरे बाबा ने अपनी सहमति दे दी थी। किन्तु मैं उस समय नृत्य के बारे में कुछ नहीं जानती थी। नियता ने ही मुझे कुछ सिखा-पढ़ा दिया था।

पेरिस की उस प्रदर्शनी में नृत्य प्रस्तुत करने के लिए एक व्यक्ति को और आमन्त्रित किया गया था, जिसका नाम तो मैंने सुना था किन्तु तब तक उसे देखा नहीं था। वे और कोई नहीं बंगाल के गौरव उदय शंकर थे। उनके बारे में मैं उस समय सिर्फ़ यही जानती थी कि वे मेरे बाबा के निकटतम विशेष बन्धु हैं। एक ही ज़िले यशोहर के रहने वाले हैं। और यह भी जानती थी कि जगद्‌विख्यात नर्तकी अन्ना पावलोवा के साथ यूरोप और अमेरिका में नृत्य प्रदर्शन कर यशस्वी भी हो गये थे।

उदय शंकर उन दिनों पेरिस में ही थे। अपना नृत्य-दल लेकर आये थे। भारतवर्ष के कई विख्यात संगीतज्ञ और उनके अपने तीन सगे भाई थे उस दल में। वे अपनी माँ, बहन और काका को भी अपने साथ ले आये थे। पेरिस को केन्द्र बनाकर पूरे यूरोप का भ्रमण कर कला प्रदर्शन की उनकी योजना थी। कहाँ-कहाँ भ्रमण करना है, इसकी एक मोटी-मोटी सूची भी उन्होंने तैयार कर ली थी।

यही उदय शंकर एक दिन दल-बल समेत हमारे ज्वेलरी के स्टॉल पर आये। विश्वविख्यात एक भारतीय के रूप में मैं उस समय सिर्फ़ एक ही व्यक्ति को जानती थी और वे थे रवीन्द्रनाथ ठाकुर। पेरिस में जब पहली बार उदय शंकर का नाम सुना, तब मैं सोच रही थी कि शायद किसी क्षेत्र के प्रवीण दिक्‌पाल होंगे। इस समय सेवानिवृत्त होकर पेरिस में दिन बिता रहे होंगे। फिर भी उनके नाम में एक जादू जैसा तो कुछ था ही, एक सुर था, उनका नाम मेरे मन में अंकित हो गया।

सहसा पैवेलियन के सामने सोलह आना अँग्रेज़ी वेशभूषा में एक भारतीय को देखा। ख़ूब सुन्दर सुपुरुष, अन्ततः अगर नाक, मुख और आँखों पर विचार कर देखा जाय तो वो कुछ भी नहीं। फिर भी दोनों आँखें ख़ूब चमक रही थी। क्षण भर में ही जान गयी कि यही उदय शंकर हैं।

वे बाबा से कुछ देर बातचीत कर चले गये थे। बाबा के सामने बाबा और मुझे अपने घर आने के लिए निमन्त्रित भी कर गये। दूसरे ही दिन हम लोग

उदय शंकर के घर चले गये। पेरिस में एक दुमंज़िला मकान किराये पर लेकर वे रह रहे थे। सामने उद्यान था। विशाल हॉल था। उस पर में पैर रखते ही पेरिस तो ग़ायब हो जाता था। ऐसा लगता था जैसे भारत में ही हूँ। खद्दर का कुर्ता-पजामा पहनकर युवकों का एक दल बाहर वॉलीवॉल खेल रहा था। उस दल में उदय शंकर भी थे।

उदय शंकर की माँ हेमांगिनी देवी मुझसे मिलकर बड़ी ख़ुश हुई। सहसा, मुझे मेरी माँ की याद आ गयी। याद है मैंने चच्चड़ी माँस और पुलाव खाया था। उस भोजन का जायका आज भी मेरी जीभ पर बरकरार है। उस दिन के बाद आने-जाने का सिलसिला तो लग ही गया। रवि, अर्थात् रविशंकर के साथ मेरा ख़ूब भाव जम गया। जब-तब चली ही जाती थी।

प्रदर्शनी में उदय शंकर मेरा नाच देखकर ख़ूब ख़ुश हुए थे। एक दिन उनके घर में रवि के साथ मैं खेल रही थी कि एकाएक मुझे बुलाकर नृत्य की एक मुद्रा दिखाकर बोले, 'तुम यह कर सकोगी?' मैंने हाँ में सिर हिलाते हुए कहा, हाँ, कर सकूँगी और मैंने उस मुद्रा को करके दिखाया भी।

इसके बाद बाबा से एक दिन वे बोले—'हम लोग यूरोप के अनेक शहरों में नृत्य के अनुष्ठान करने जा रहे हैं, अमला को मुझे दे दीजिए।' ठीक उसी समय मेरे बाबा भी सोच रहे थे कि यूरोप के सारे कला केन्द्रों को मुझे दिखाते हुए सफ़र शुरू करेंगे। किन्तु उदय शंकर ने मेरे बाबा के सामने जो प्रस्ताव रखा था उसे सुनकर मैं तो नाच उठी। इस प्रस्ताव पर बाबा में जरा भी दुविधा नहीं थी, ऐसा नहीं है किन्तु अन्त में वे हेमांगिनी देवी के अनुरोध पर राजी हो गये। नवम्बर महीने में बाबा देश लौट गये। मैं हेमांगिनी देवी के पास रह गयी।

उदय शंकर से मैं नाच सीख रही थी किन्तु उनकी शिक्षा का ढंग ऐसा था कि ऐसा लगता ही नहीं था कि मैं नाच सीख रही हूँ। इतना अनायास, इतना खेल-खेल में सब घटता जा रहा था। उस समय उनकी मुख्य शिष्या एक फ्रांसीसी युवती थी, जिसका नाम था सीमोन, पर नृत्य-दल में उसका नाम था सिमकी। शंकर की बहन का नाम था कनकलता और मेरा नया नाम रखा गया अपराजिता।

उदय शंकर को मैं बड़े दादा कहकर पुकारा करती थी। उनके दोनों भाइयों को मँझले दा और सँझले दा कहकर बुलाती थी। दल में तीन लोग

वाद्ययन्त्रों के विशेषज्ञ थे, विख्यात सुरशिल्पी तिमिरवरण, अन्नदा चरण और पश्चिमी भारत के युवक विष्णुदास शिराली। दल की महिला अध्यक्ष स्विट्ज़रलैण्ड की मिस एलिस बोनर थीं।

१९३१ ईस्वी के २९ दिसम्बर को हमारा सफ़र शुरू हुआ। कुल मिलाकर हमारे दल में सोलह लोग थे। किराये पर एक बस लेकर हमारी यात्रा शुरू हुई।

इस सफ़र में हमने कितने ही देश नहीं घूमे! कहाँ-कहाँ शो नहीं किये! आस्ट्रिया से लेकर बाल्टिक के लिथुआनिया तक सभी जगह हमारी बस दौड़ती रही अथवा कहीं-कहीं हम लोग ट्रेन से भी गये। जर्मनी के सालका, फ्रांस के टूलन, स्वीडन के मालमो, नार्वे के ओस्लो, फिनलैण्ड के हेलजित् फोर्स, बेल्ज़ियम के लिज्। अगर भविष्य के बारे में पहले से ही जानती होती, अक्ल-वक्ल अगर मुझमें पक्की होती, मैं उस सारी यात्रा का एक नक़्शा प्रस्तुत कर रखती। फिर भी पहली बार यूरोप घूमकर आने के बाद तेरह बरस की उस उम्र में ही मैंने बाङ्ला में एक भ्रमण वृत्तान्त लिख डाला था। 'सात सागर के पार' शीर्षक से वह ग्रन्थाकार में प्रकाशित भी हुआ था, लेखिका का नाम था कुमारी अमला नन्दी। अब वह पुस्तक दुष्प्राप्य है।

लिज् शहर में एक मज़ेदार घटना घट गयी थी। इस घटना से उदय शंकर के स्वाधीन मनोभाव और आत्मसम्मान बोध का मुझे परिचय मिला था। शाम को छह बजे लिज् में हमारा अनुष्ठान होना था। वहाँ पहुँचते-पहुँचते अपराह्न के तीन बज गये थे। हम लोग एक विशाल होटल में ठहर गये। होटल के कमरे को लेकर एक समस्या दिखायी देने लगी। अच्छे-अच्छे कमरों के ख़ाली होते हुए भी होटल वाले ने बड़े मामूली कमरों में हमारे ठहरने की व्यवस्था की थी। कारण पूछने पर बड़ी सहजता से उसने बताया, होटल का मालिक एक अँग्रेज़ है और हम लोग हैं भारतीय अर्थात् अँग्रेज़ों की प्रजा। इसलिए इस होटल में अच्छे कमरे का अधिकार हमारा है ही नहीं।

उदय शंकर ने उससे कुछ न कहकर सीधा फ़ोन किया ब्रिटिश काउंसिल को। कुछ पलों में ही एक राजकर्मचारी ने आकर होटल वाले को हमारा परिचय बताते हुए कहा, "इन लोगों का ही नृत्य देखने आज दूरदूरान्तर

से लिज् शहर में अनगिनत लोग आये हैं। इन्हें तुम इनके उपयुक्त ही सम्मान दोगे।''

मेरा प्रशिक्षण शुरू हुआ था 'कालियदमन नृत्य नाटिका' से। मैं कालिया नाग बनी थी और उदय शंकर बने थे कृष्ण। विदेशी लोग अभिभूत होकर हमारा नृत्य देखा करते थे। आठ मास के इस सफ़र में भारतवर्ष की सांस्कृतिक श्रेष्ठता के सम्बन्ध में हमारी आँखें खुल गयीं। खचाखच भरा हॉल। दर्शकों का कैसा तो था उत्साह। गुणीजन, पण्डित से लेकर साधारणजन सभी पूरी तरह परितृप्त। अपना पथ मैंने नहीं खोजा, खोजना भी नहीं पड़ा, उदय शंकर के माध्यम से ही मेरा पथ था अर्थात् नृत्य ने स्वयं ही मुझे यह दिखा दिया कि कौन-सा है मेरा पथ।

यहाँ पर एक बात बताना बहुत ज़रूरी है, इतना घूमी-फिरी, इतने अनुष्ठान किये, उदय शंकर के इतने नज़दीक रहती थी—फिर भी तब तक रोमांस का कोई चिह्न भी हमारे बीच नहीं था। कारण बड़ा साफ़ है, उस समय मेरी उम्र मात्र तेरह वर्ष थी। देश लौट आयी उनके प्रति असीम श्रद्धा लेकर।

इसके बाद मिलना-जुलना ख़ूब क्षीण हो गया। उदय शंकर देश वापस आते तब भेंट होती। कलकत्ता में जब वे कोई अनुष्ठान करते तो मैं देखने जाती, बस यहीं तक था मेरा उनका सम्बन्ध। थोड़ी-बहुत बातचीत भी होती।

उस समय त्रिभुवन की सीमा में भी रोमांस का 'र' अक्षर नहीं था। उसके अलावा उदय शंकर उम्र में मुझसे उन्नीस बरस बड़े थे। 'बड़े दादा' कहकर ही उन्हें बुलाती थी। मन में भी यही सोचा करती थी। समय के साथ-साथ उनके प्रति मेरी श्रद्धा ज़रूर बढ़ती जा रही थी।

इसी दौरान मैं कई कॉन्फ्रेन्सों में नृत्य कर चुकी थी। थोड़ा-बहुत मेरा नाम भी फैल गया था। किन्तु उस समय भी नृत्य को एक व्रत के रूप में, जीवन के लक्ष्य के रूप में सचेत भाव से ग्रहण नहीं किया था। मन में आदर्श पुरुष कल्पना का कोई अंकुरण न हुआ हो, ऐसा नहीं था। मेरे स्कूल के साथी इस बात को लेकर तरह-तरह की बातें करते थे। किन्तु उन जैसे रक्तमाँस के किसी नायक की बात मैं सोचती ही नहीं थी। मेरे हृदय में तो समाये हुए थे कृष्ण और अर्जुन। यही लोग उस समय मेरे हीरो थे।

सम्भवतः वह १९३५ का साल रहा होगा। आज के एलीट सिनेमाघर का

नाम उस समय था 'मैदान थिएटर'। मैदान थिएटर में उदय शंकर की नृत्यनाटिका कार्तिकेय का अनुष्ठान होना था। मैं तय करके देखने गयी थी। मंच पर कार्तिकेय का प्रवेश हुआ, अर्थात् कार्तिकेय वेशधारी उदय शंकर का। फिर मैं उन्हें देखकर अपनी आँख नहीं हटा सकी। देखने मात्र से ही ऐसा लगा, यह तो वही पुरुष है, मेरा जीवन-पुरुष, इसी को तो मैं खोज रही थी। मेरी उम्र उस समय सोलह की थी। इस अनुभूति की चर्चा बाद में भी कभी उदय शंकर से नहीं की। यह मेरे हृदय की एकमात्र निजी अनुभूति थी।

विदेश का सफ़र करते समय उदय शंकर को एक फोर्ड गाड़ी उपहार में मिली थी। एक बार उन्होंने निश्चय किया कि उसी गाड़ी से कलकत्ता से देहरादून होते हुए वे अल्मोड़ा जायेंगे। इस यात्रा में मैं भी उनके साथ गयी। हाँ, उसमें और भी कई लोग थे। इस बार की यात्रा बहुत कुछ अलग-सी थी। मेरे मन में उस समय उदय शंकर को लेकर विचित्र अनुभूति काम कर रही थी। रोमांस के साथ घुली-मिली लज्जा, दुविधा और कुछ-कुछ भय भी था।

धनाढ्य और असाधारण सुन्दरियाँ उस समय उदय शंकर के पीछे पागल रहा करती थीं। यूरोप में मैंने देखा ही था कि इस तरह की महिलाएँ उनके सभी तरह के 'शो' की दर्शक हुआ करती थीं। फिर वह 'शो' चाहे जिस शहर में क्यों न हो रहा हो, मेरे जैसी काली, ठिगनी महिला ऐसे सुपुरुष को कभी छू भी सकती है, ऐसी कल्पना भी नहीं की जा सकती थी। हालाँकि मैं तो उन्हीं को चाहती थी। यह बात मैं उनसे कैसे कहूँ, मैं कैसे बताऊँ कि तुम मेरे हृदय सर्वस्व हो। अपने मन के मनुष के साथ मैं बनारस-देहरादून घूम रही थी किन्तु मुँह खोलकर कुछ कह नहीं पा रही थी।

याद है, उन्होंने मुझे दो-एक बहुत सुन्दर पुस्तकें ख़रीद दी थीं। उन सब पुस्तकों पर उन्होंने लिख दिया था, विद लव, उदय शंकर। मन ही मन सोच रही थी, यह भी क्या कम पावन है। कितनी बार पुस्तक खोलकर उन्हीं हस्ताक्षरों को देखा करती थी।

कलकत्ता लौटने के कुछ दिन बाद शौक़वश एक महँगी साड़ी ख़रीदी थी। पीले रंग की टेसू की बनारसी साड़ी। दाम देने पड़े थे पच्चीस रुपये।

ख़रीद तो ली किन्तु किसी भी तरह उसे पहन नहीं सकी। विवाह, बऊभात, किसी का जन्मदिन ये सब उपलक्ष्य बहुत छोटे लगते थे। कोई और भी बड़ा अवसर हो, ख़ूब विशेष किसी उपलक्ष्य के अलावा उस साड़ी को कभी खोलूँगी नहीं, ऐसा निश्चय कर रखा था।

एक दिन मेरे भाग्य खुल गये, बिना बादल के बरसात और किसे कहते हैं! एकाएक एक दिन उदय शंकर ने कहा, ''मैटिनी शो में मेट्रो से एक फ़िल्म देखने जा रहा हूँ, तुम चलोगी?''

ख़ूब चिलचिलाती पूरा में मैं चल पड़ी वही तड़क-भड़कदार साड़ी पहनकर।

बाबा के साथ उस ज़माने में बहुत से गुणीजनों की घनिष्ठता थी। इन्हीं में से एक थे संगीत विशारद, विख्यात दिलीप कुमार राय। दिलीप बाबू ने मेरा नृत्य देखा था, तारीफ़ भी ख़ूब की थी। बाबा से एक बार कहा भी था, 'अमला का ख़ूब नाम होगा, वह नाचती भी है ख़ूब दिल से।' नेताजी सुभाषचन्द बसु की शिल्पप्रीति के बारे में कहीं मैंने अधिक चर्चा नहीं सुनी है, किन्तु देश की संस्कृति के प्रति उनमें गहरा अनुराग था।

इसी दौरान एक दिन दिलीप राय ने मुझसे कहा, ''तू इतना अच्छा नाचती है, एक दिन सुभाष बसु को अपना नाच दिखा।'' दिलीप राय ने ही इसकी व्यवस्था कर दी। सुरेन्द्रनाथ बंद्योपाध्याय के ही घर में इसका आयोजन किया गया। मैं खद्दर की साड़ी पहने हुए थी। सुभाष बसु मेरा नाच देखकर ख़ूब ख़ुश हुए। दादा से बुलाकर कहा—उदय शंकर के अल्मोड़ा केन्द्र में मुझे भेज दें। बाबा इस पर राजी हो गये।

जितनी सहजता से मैंने यह बात कही है, उतनी सहजता से यह ज़रूर घटित नहीं हुई थी। मेरी उस समय अल्प उम्र थी। मेरी मुद्राएँ तथा नृत्य के प्रति मेरी निष्ठा देखकर सुभाषचन्द्र मुग्ध हो गये थे। मुझसे कहा था, उदय शंकर बहुत जल्द कलकत्ता आ रहे हैं, उनसे बातचीत कर तुम अल्मोड़ा चली जाओ, किन्तु बाबा ने मेरी बात पर कुछ विशेष ध्यान नहीं दिया। वे चाहते थे कि मैं अपना मन लिखने-विखने में लगाऊँ। उदय शंकर के सम्बन्ध में सुभाषचन्द्र ने कहा था—आई एम एन अरडेण्ट एडमाइरर ऑफ़ दिस मेन-अर्थात् मैं उदय शंकर का भारी प्रशंसक हूँ। फिर भी देखिये दोनों लोगों की आपस में भेंट कभी नहीं हुई। सुभाषचन्द्र ने उदय शंकर का नाच भी कभी नहीं देखा था। फिर भी उन्होंने इतनी

प्रशंसा की थी। वियना में सुभाषचन्द्र एक बार अस्वस्थ हो गये थे। उस समय वियना में उदय शंकर का शो चल रहा था। स्थानीय सभी तरह के समाचार-पत्रों में उदय शंकर के नृत्य की प्रशंसा की बाढ़ आ गयी थी। एक तरह से हलचल मच गयी थी। यूरोप भर में उस समय उदय शंकर का मेनिया चल रहा था।

मेरे मुँह से ही उदय शंकर ने पहली बार सुना था कि नेताजी उनके काम की कैसी प्रशंसा कर रहे हैं। यह सब सुन-सुनाकर उदय शंकर एक बार उनके एलगिन रोड वाले घर पर उनसे भेंट करने गये थे। उस वक़्त नेताजी घर पर नहीं थे। इसीलिए उनसे भेंट नहीं हो सकी थी। इधर सुभाषचन्द्र ने वापस आकर जब यह सुना कि उदय शंकर मुझसे मिलने आये थे, वैसे ही वे काण्टीनेण्टल होटल दौड़े गये, जहाँ वे ठहरे हुए थे। दुर्भाग्य की बात यह थी कि उदय शंकर भी उस समय होटल में नहीं थे।

उन दोनों की भेंट की अन्तिम कोशिश की मेरे बाबा अक्षय कुमार नन्दी ने। दोनों को ही हमारे टालीगंज वाले घर में चाय पर आमन्त्रित किया गया। ठीक समय पर उदय शंकर तो आ गये किन्तु नेताजी का कहीं कोई पता नहीं था। उदय शंकर उनकी प्रतीक्षा कर रहे थे। इधर मच्छर काटते हुए उन्हें मारे डाल रहे थे। वे काफ़ी देर तक बैठे रहे। अन्त में ख़बर मिली कि कहीं किसी सभा में भाग लेने के लिए उन्हें अकस्मात् जाना पड़ा है। फिर दोनों लोगों में कभी भेंट हुई ही नहीं। ख़ैर जो भी हो, मैं सुभाषचन्द्र बसु के हस्तक्षेप के कारण ही अल्मोड़ा जा सकी। उन्होंने ही बाबा को राजी किया था। अल्मोड़ा ने मेरे पूरे जीवन को बदल दिया। एक ओर तो प्रकृति का ऐश्वर्य, दूसरा कलानुशीलन का वैसा आदर्श क्षेत्र। यह १९३९ ईस्वी की घटना है। अल्मोड़ा के शिल्प केन्द्र के १४ बँगले थे। वहाँ पर सिमकी, जोहरा मुमताज, उजरा बेगम थीं। वे तीनों लोग घर के एक तरफ़ रहती थीं। उसी घर के एक तरफ़ रहते थे उदय शंकर और ठीक उसके बगल वाले घर में ही मेरे रहने का स्थान था।

पक्के एक वर्ष उदय शंकर ने अनेक तरह से मुझे जाँचा-परखा। मैं कितना कष्ट सह सकती हूँ, मुझमें सच्चा शिल्पबोध कितना है, उदारता कितनी है, विशुद्ध भारतीय स्त्री का प्रतिनिधित्व करने की योग्यता कितनी है, आदि-आदि दृष्टियों से। एक बार उन्होंने मुझसे कहा था—''मैंने सात घाटों का पानी पिया है, गंगाजल का स्वाद क्या है, इसे मैं जानता हूँ।''

जीवन में उन्होंने कुछ कम भोग नहीं किया था, सीखा भी बहुत कुछ था। मामूली तरह से घुलना-मिलना, थोड़ी-बहुत घनिष्टता होना और विवाह में वे काफ़ी फ़र्क़ करते थे। अनुभवी और परिपक्व मनुष्य थे, किसी-न-किसी प्रकार उन्हें मेरी दुर्बलता की भनक लग गयी थी। वे यह समझ गये थे कि मैं मन-ही-मन एक प्रेमी के रूप में उनकी पूजा करती हूँ। श्रद्धा और अनुराग लगभग बराबर मात्रा में थे। यद्यपि इस भाव को उन्होंने तुरन्त व्यक्त नहीं किया था। मैंने भी उनसे कुछ नहीं कहा।

यहाँ पर सिमकी के बारे में कुछ बताना बहुत ज़रूरी है। उदय शंकर प्रेम, विवाह आदि और मित्रता में फ़र्क़ किया करते थे। सिमकी के साथ उनका सम्बन्ध नर-नारी के बीच होने वाली मित्रता का सम्बन्ध था। उन लोगों के बीच अगर कोई अन्य घनिष्ठता हुई भी हो तो उसमें किसी तरह के बन्धन या चिरकाल के लिये बँध जाने की कोई सम्भावना नहीं थी। सिर्फ़ सिमकी ही नहीं, एलमहार्स्ट की बेटी वियात्रिचे पागल की तरह उदय शंकर को चाहती थी। फिर भी वह सम्बन्ध विवाह बन्धन तक नहीं पहुँचा। उल्टे अल्मोड़ा में जोहरा को वियात्रिचे ने एक चिट्ठी लिखी थी। वियात्रिचे ने उसमें लिखा था कि "मैं एक बन्धु के प्रेम में पड़ गयी हूँ दादा से (उदय शंकर से) सीधे-सीधे कहने में मुझे लज्जा हो रही है" अर्थात् वियात्रिचे तो स्वयं ही हट गयी थीं।

वियात्रिचे का विवाह उसी मित्र के साथ हो गया। इसके कुछ दिन बाद हम लोगों ने मद्रास का सफ़र किया था। मन में गम्भीर संशय था कि मैं उन्हें कभी नहीं प्राप्त कर पाऊँगी। किन्तु मन में यह निश्चय कर रखा था कि और कोई नहीं, और किसी को नहीं या तो उदय शंकर से विवाह करूँगी, अन्यथा जीवन में विवाह ही नहीं करूँगी। सोच रखा था, विवाह यदि नहीं भी करती हूँ पर अगर कभी माँ बनी तो गर्भ में उन्हीं की सन्तान धारण करूँगी। उदय शंकर से मिलन के फलस्वरूप उपहार के रूप में आयेगी वह सन्तान। नहीं तो सन्तानहीन ही बनी रहूँगी जीवनभर।

जब मेरे मन की यह दशा थी, तभी घटित हुआ वह अलौकिक काण्ड, आशीर्वादों की वह पुष्पवृष्टि। १९३९ ईस्वी का ८ दिसम्बर, उदय शंकर का जन्म दिन। मद्रास के एक होटल में सभी उपस्थित थे। डिनर समाप्त हुआ। एक-एक कर सभी अपने-अपने कमरों में चले गये। मैं भी अपने कमरे में आकर दरवाज़ा बन्द कर सोने की जोड़-तोड़ कोशिश कर रही थी।

सहसा दरवाज़े पर हल्की दस्तक। पहले तो मैंने अनसुनी कर दी। उसके बाद पुनः दस्तक हुई। द्वार खोलते ही मैं चौंक उठी। मेरे कमरे के सामने खड़े हुए थे वे, उदय शंकर।

कमरे के अन्दर आ गये। धीरे से दरवाज़ा बन्द कर दिया। पल भर की एक चुप्पी उसके बाद सीधे मेरी आँखों में देखते हुए बोले, "पता है, मैंने निश्चय कर लिया है कि विवाह करूँगा।"

मैंने विचलित होते हुए अपने को सम्हालकर कहा, "वाह, यह तो बहुत अच्छा है।"

"नाम नहीं जानोगी, किसके साथ विवाह करूँगा?"

"क्या, कौन, किसके साथ?"

"—उसका नाम है अमला।"

फिर मैं अपने को सम्हाल नहीं सकी, एक छोटी बच्ची की तरह रो पड़ी।

मैं रो रही थी, रोती ही जा रही थी। उन्होंने पास आकर मेरी पीठ और सिर पर हाथ फेरा। उसके बाद एकदम मुझे हृदय से लगा लिया। मेरा वही पहला आलिंगन था।

कुछ क्षण मेरे पास रहे। दो-एक बातें कीं। वैसे कुछ कहने की ऐसी कोई ज़रूरत भी नहीं थी। स्तब्धता, चुप्पी और स्पर्श सब कुछ पूर्ण किये दे रहे थे। थोड़ी देर बाद वे चले गये।

दोनों लोगों के भीतर प्रेम अपनी पंखुड़ियाँ खोल रहा था। निगाहों का मिलना, एक-दूसरे की निकटतम उपस्थिति, एक-दूसरे को देखना और बिना देखे भी एक-दूसरे के मन की बात, दोनों समझ लेते थे, किन्तु इतने पर भी इस प्रेम की एक बात भी किसी दूसरे के सामने व्यक्त नहीं हुई थी। सब कुछ अत्यन्त गुप्त था, तब तक। दोनों के बीच सीमित। धीरे-धीरे दूसरे लोगों को भी थोड़ी-थोड़ी इसकी भनक लग रही थी। उदय शंकर ने पूरी बात बताते हुए मेरे बाबा को एक चिट्ठी लिखी। बाबा, जैसा कि स्वाभाविक था, कुछ दुविधा में थे। सोच रहे थे उदय शंकर एक खिलन्दड़े टाइप के लड़के हैं, क्या यह विवाह टिक पायेगा। अलाउद्दीन खाँ साहब ने बाबा को समझाते हुए कहा था—"किसी तरह की चिन्ता मत करो, विवाह के बाद अमला ठीक तरह से ही रहेगी।"

विवाह हो गया। दल की रीति-नीति और कायदे को मैं ठीक-ठीक मानकर चलती थी। विवाह के बाद भी किसी नृत्यानुष्ठान में मैं मंच पर उदय शंकर के पास नहीं बैठी। उदय शंकर की डांस पार्टनर सिमकी थी, सुतराम् उसी के वहाँ पर बैठने की बात थी।

हमारा प्रतिदिन का जीवन अचरज से भरा बड़ा रोमांसमय था। रोमांच से भरा। बाह्य घटनाओं की वजह से नहीं, यह था भीतर-ही-भीतर। आनन्द का जन्म हो गया था। ठीक उसके एक वर्ष बाद की एक मज़ेदार घटना की बात कहती हूँ। 'कल्पना' छबि की लोकेशन देखने और छबि से जुड़ी हुई अन्य सब व्यवस्थाओं को पूरी तरह तैयार रखने की वजह से उदय शंकर को अहमदाबाद, पूना, बम्बई और कलकत्ता जाना था। अकेले ही जाने की योजना थी। पता लिखकर, टिकिट लगाकर १० लिफाफे उन्हें दे दिये। चिट्ठी लिखते रहेंगे, यह उनसे कह भी दिया। इस सफ़र में वे सबसे अन्त में कलकत्ता गये थे और कलकत्ता छोड़ते समय वे दसों चिट्ठियाँ उन्होंने डाक से पोस्ट कर दीं। मुझे वे चिट्ठियाँ मिलें, इसके बहुत पहले ही वे लौट आये।

'कल्पना' फ़िल्म में जिस भारत को चित्रित किया गया है, उसकी केवल कलात्मक दिशा ने पहले ही रूप प्राप्त कर लिया था 'उदय शंकर इण्डिया कल्चर सेण्टर' अल्मोड़ा में। आज भी यह फ़िल्म अप्रासंगिक नहीं हुई है। वरन् शिक्षा, शिल्प, भारतीय आदर्श इन सबको इस छबि में जिस तरह से प्रस्तुत किया गया, उससे उदय शंकर का शिल्पी मन और उनकी दूरदृष्टि कितनी गम्भीर और प्रखर थी, इसका बख़ूबी पता चल जाता है।

इस फ़िल्म में दो सौ वाद्यों का प्रयोग किया गया है। ८ इंच से शुरू कर ४ फुट लम्बा मृदंग था। गोंग, गेमिलन जैसे वाद्य आदि उन्होंने इकट्ठे किये थे। जावा, बाली, सुमात्रा और ब्रह्म देश से। देसी बाजों के सम्बन्ध में उनका आग्रह पेरिस में रहते समय ही गहरा हो गया था। विख्यात पश्चिमी संगीतज्ञ लिओपोल्ड स्टोकव्हिस्की तबला सुनकर तो विस्मय में पड़ गये थे। तबले के विभिन्न स्थानों पर विभिन्न मात्रा में गाँव की गोंद का लेप होने के कारण एक ही तबले से विभिन्न आवाज़ें निकालना सम्भव है। तबला सुनकर मुग्ध हुए स्टोकव्हिस्की ने उदय शंकर से कहा था—"जो देश एक ही वाद्य यन्त्र से इतने तरह की आवाज़ें निकाल सकता है, दुनिया में उस देश की कोई जोड़ी नहीं है।"

१९६८ ईस्वी तक हमारा दाम्पत्य जीवन अत्यन्त सुखद था। सहसा एक काला मेघ हमारे जीवन में छा गया। पता नहीं क्यों, उदय शंकर में कैसी एक विचित्र दुर्बलता दिखायी देने लगी। इस दुर्बलता के साथ मिला हुआ था एक़ प्रकार का निरर्थक अहंकार-बोध। हमारे नृत्य-स्कूल की एक लड़की के साथ उनका सम्पर्क हो गया। इस घटना ने हम दोनों लोगों के बीच धीरे-धीरे एक दूरी बना दी। मुझे पता था इसका फल उनके लिए अन्ततः मंगल-जनक नहीं होगा। अन्तिम दिनों में उदय शंकर ने इसके लिए पश्चात्ताप भी किया था और मुझमें तब बढ़ गया था, प्रेम के सम्बन्ध में अविश्वास।

सहसा एक दिन सपना देखा, एक लम्बी कॉरीडोर है। दोनों छोरों से हम दो लोग आगे बढ़ते आ रहे हैं। उदय शंकर ने मुझे गले से लगा लिया।

ठीक यही बात वास्तव में घटी थी। उदय शंकर बीमार पड़ गये, नर्सिंग होम के आई.सी.यू. में लेटे हुए थे। नाक में नली लगी हुई थी। मैं उन्हें देखने गयी थी। इशारे से मुझे पास बुलाया। मेरे हाथ को अपनी मुट्ठी में लेकर उसे थोड़ा दबाया, सिर्फ़ यही नहीं, मेरे सिर को अपनी छाती से लगा लिया।

फुसफुसाकर बोले, "थैंक यू डार्लिंग, थैंक यू फ़ॉर एवरी थिंग।"

'कल्पना'
पहली भारतीय आधुनिक फ़िल्म

सत्यजित चौधुरी

एक

भारतीय चलचित्र में आधुनिक मन के विकास को लेकर हमारी चर्चा के दौरान कोई बहुत बड़ी बात नहीं उठती है। यह मान लिया जाता है कि सत्यजित राय के पहले चलचित्रों में जो कुछ काम हुआ है, उसमें अगर शिल्पी के आधुनिक मन को खोजा जाये तो यह बेकार का परिश्रम होगा। 'पथेर पांचाली' मानो एक आकस्मिक घटना है। बिना प्रस्तुति के, अप्रत्याशित रूप से खेत में उत्पन्न एक उज्ज्वल फसल। इसी तरह की धारणा के अभ्यासवश प्रचुर लेखा-लेखी करते-करते हम बीसवीं शताब्दी को पार कर आये हैं। शताब्दी की इस संक्रान्ति पर पहुँचकर सफलता-विफलता के पूरे इतिहास पर जब हमारी इच्छा दृष्टिपात करने की होती है, तब हमारी उसी अभ्यस्त धारणा को बहुत बड़ा धक्का लगता है। सिनेमा मनोरंजन का एक व्यवसाय है। इसका उत्पादन और बिक्री अन्य व्यवसायों की तरह पूँजी लगाने और मुनाफे के उतार-चढ़ाव के नियम से ही चलती है। पूँजी मालिक के अधिकार में होती है, यह वास्तविकता अन्य देशों की तरह भारतीय चलचित्रों में भी प्रारम्भ से ही सत्य थी। चलचित्र निर्माण और वितरण जो करते आ रहे थे, मुनाफा ही उनका मुख्य विचारणीय लक्ष्य था। धीरे-धीरे स्टूडियो की प्रथा चालू हो गयी। स्टूडियो के मालिक लोग ही जिन निर्देशकों का चुनाव करते थे, वह भी मुनाफा को ध्यान में रखकर। कौन निर्देशक जनता की रुचि की प्रकृति को समझता है, किस नायक-नायिका की जोड़ी के साथ काम करने पर फ़िल्म बाज़ार में सफल होगी, इस हिसाब से बाहर जाने की प्रत्याशा भी प्रायोजकों से नहीं की जा

सकती थी। नाटक, संगीत और चित्रकला में इतना बाज़ारमुखी हिसाब काम करता ही नहीं है। अगर करे भी तो विरोधी प्रतिस्पर्धा और प्रयोगमूलक काम के अवसर के मार्ग में पूर्ण बाधा तो कभी आती ही नहीं है। छोटे-छोटे दल बनाकर व्यावसायिक मंचों के बाहर प्रयोगमूलक काम धारावाहिक रूप से चलते ही रहते हैं। कोई रिकॉर्ड कम्पनी गीतिकारों का पूरी तरह नियन्त्रण नहीं कर पाती है। चित्रकला, मूर्तिकला पर बाज़ार का जो प्रभाव दिखायी दे रहा है, वह अभी हालफिल की घटना है। इस प्रतिवादी संगीत, नाटक, चित्रकला में सामूहिक और व्यक्तिगत प्रयासों के वास्तव में जितने अवसर हैं, उतने अवसर चलचित्र उद्योग में जरा भी सम्भव ही नहीं थे। कारण, प्रयुक्ति और प्रयोग पर आधारित इस कला के लिए विराट संगठन और व्यवस्था चाहिए, जिसके लिए भारी आर्थिक निवेश की ज़रूरत पड़ती है।

एक मनोरंजक व्यवसाय के रूप में चलचित्र निर्माण का जो चक्र है, उसके बाहर जाना, भिन्न धारा की फिल्मों के निर्माण को लेकर प्रयोग-परीक्षण करना असम्भव था, यह उस समय एक प्रकार से मान ही लिया गया था। हालाँकि, अगर सतर्क दृष्टि से देखा जाये, तो पता चलेगा कि चलचित्र कला की अपनी भाषा और इस शिल्प माध्यम के अपने सौन्दर्यबोधात्मक अर्थ को लेकर तीसवें दशक से ही चर्चा चलती आ रही थी। देवीप्रसाद घोष जैसे जिम्मेदार गवेषक की कृपा से इसके बहुत से साक्ष्य अब हमें मिलने लगे हैं।

चलचित्रों के सौन्दर्यबोधात्मक पक्ष की दृष्टि से इस कला माध्यम की अपार सम्भावनाएँ हैं, इस बारे में पत्र-पत्रिकाओं में जो चर्चा हो रही है, प्रत्यक्ष फ़िल्म निर्माण के परिसर में उसका कोई प्रभाव नहीं होगा, ऐसा कभी हो ही नहीं सकता है। बीते ज़माने के कुछ-कुछ काम को बेजतन के प्रिंटों में रखा गया है, फिर भी उन फ़िल्मों को देखने का अवसर आज भी बना हुआ है। दर्शक तो फिल्मों में एक कहानी देखना चाहता है, इसलिए धारावाहिक दृश्यों के प्रवाह में कहानी की धारा को बरकरार रखना पड़ता है किन्तु, उसी के दौरान चौंकानेवाले शॉट भी लिये जा सकते हैं—इसके कई साक्ष्य प्रमथेश बरुआ के काम में देखे जा सकते हैं। कैमरे के प्रयोग में उन्होंने जो निपुणता दिखायी है, उनके उस कौशल की समीक्षा की जा सकती है, उनके काम में चलचित्र की विशुद्ध भाषा-

प्रयोग में उन्होंने अवाक् कर देनेवाला जो कौशल दिखाया है, उसके प्रमाण प्रस्तुत किये जा सकते हैं। जैसे 'मुक्ति' (१९३७) फ़िल्म के प्रारम्भ में विच्छिन्न दाम्पत्य सम्बन्धों को स्थापित किया गया था सिनेमा की विशुद्ध भाषा में उस फिल्म का नायक प्रशान्त (प्रमथेश) एक-के-बाद-एक द्वार खोलता हुआ पहुँच जाता है अपनी स्त्री चित्रा (कानन देवी) के घर की चौखठ पर। इस फ़िल्म में कैमरे का काम विमल राय का है। इस दृश्य के सारे शॉट पीछे से लिये गये थे। मानो दुखी और आर्त कलाकार प्रशान्त चित्रा के पास पहुँचने में सफल हो जाता है, (फिर सचमुच में पहुँच भी नहीं पाता है)—अनेक बाधाओं को पार करते-करते। पूरी फ़िल्म में दुरतिक्रम्य यही बाधायें बहुत से संकट, बहुत से आवर्तों की सघन सृष्टि कर देती हैं। टुकड़ों-टुकड़ों में किये गये इन कामों में चलचित्र के सच्चे शिल्पी की जिस कल्पना और प्रतिभा की झलक मिलती है, उसकी उपेक्षा करने से चलचित्रों का सही इतिहास तैयार हो ही नहीं सकता है। अतीत की उन सब जीर्ण हो आयीं फ़िल्मों को बड़ी मुश्किल से देखने पर यह भावना साफ़ हो जाती है कि एकाएक मिली कोई सफलता कभी आकाश से नहीं बरसती है। मेधावी लोगों के साहसपूर्ण प्रयोगों और छोटी-बड़ी अनेक प्रतिभाओं के परिश्रम से ज़मीन तैयार होती है। बाज़ार में ख़रीद-बेचने के जो नियम-क़ानून चालू होते हैं, उनके द्वारा बनायी गयी फ़िल्मों में ही अन्य भावना, अन्य धारा की सृष्टि की मानो एक क्षीण झलक की रेखा देखी जा सकती है। अगर हम अपनी याद को पुनः ताज़ा करें तो बरुआ साहब के साथ और भी कई नामों का उल्लेख हम गौरवपूर्वक कर सकते हैं जैसे ज्ञान मुखर्जी, जयन्त देशाई, जैसे के.ए. अब्बास अथवा वी. शान्ताराम। और स्मृति का यह अवलोकन हमें चलचित्र कला के एक चिरकालीन विस्मय, उदय शंकर की महत् सृष्टि 'कल्पना' (१९४८) के अपूर्व अभिज्ञान तक पहुँचा देता है।

दो

भारत का आधुनिक मन पूरी उन्नीसवीं-बीसवीं शताब्दी में सृजनशीलता की अनेक धाराओं में प्रवाहित ऐतिह्य को आधुनिकता के तट पर ले आया है। साहित्य, संगीत और चित्रकला के आधुनिक स्रष्टाओं के नामों का

यहाँ उल्लेख न भी किया जाय तो काम चल सकता है। सिर्फ एक क्षेत्र में एक समर्थ आधुनिक प्रतिभा के अभ्युदय में मानो काफ़ी देर थी। वह है हमारी नृत्य-संस्कृति का क्षेत्र। भारतीय नृत्य की असंख्य शैलियाँ हैं। परिष्कृत और देशज—इन दोनों स्तरों पर गतिशील प्रवाह कभी भी न तो एकदम रुका और न कभी लुप्त हुआ। शास्त्रीय नृत्य के ब्योरे, प्रयोग और उनके विधान—उनका एक समृद्धशास्त्र भण्डार हमारे हाथ में आ गया है। आज जिसे अनेक शाखा-प्रशाखाओं से सम्पन्न भरतनाट्यम्, कप्पकलि, ओडिसी, मणिपुरी, कथक—इन नामों से अभिहित करने की प्रथा है। गुरुजनों की कठोर शिक्षा की वजह से जिसका अनुशीलन बहुत बड़े सामाजिक समर्थन के बिना भी जारी रहने के कारण जो सब परिष्कृत नृत्य जिस लोक जीवन से उठकर आये थे, उनका कोई हिसाब-किताब हम लोग नहीं जानते हैं। यह एक ऐश्वर्यमय शिल्प का स्वदेश है। इस युग के सामान्य और भद्रजन (रवीन्द्र नाथ का चुना हुआ शब्द) इस स्वदेश को पहचानते ही नहीं थे। इससे बचते हुए चला करते थे। बाई जी घरों में जायें तो उनसे मिलना तो चल सकता था, किन्तु भद्र घरों और भद्र परिवार में नाच की चर्चा या उसका अभ्यास कल्पना से परे था। यद्यपि अपरिमित दायित्वबोध एवं पारदर्शिता के साथ हमारे अज्ञात शिल्पीगण मन्दिरों-मन्दिरों में प्रस्तर मूर्तियों, टेराकोटा में, नर-नारियों की छन्दित दैहिक सुषमा में उसी गौरव को शिल्पीगण उत्कीर्ण कर रख गये हैं। सचेतन रूप से ऐतिह्य की जड़ों को खोजकर और उस धरोहर को आधुनिक रुचि के लिए बाह्य रूप एक शिल्पी दे सकता है, ऐसे किसी मन की कोई किरण इस शिल्प-सामग्री के ऊपर मानो बहुत दिनों तक पड़ी ही नहीं थी। बिना जुती उपेक्षित ज़मीन की तरह वह बस पड़ी हुई थी। धारावाहिक अभ्यास और अनुशीलन के द्वारा इसके अस्तित्व की रक्षा करते हुए इसकी मंज़िल कहाँ है इसकी कोई दिना नहीं मिल रही थी। नयी प्रतिभा का सर्जनात्मक संस्पर्श इसे मिला ही नहीं था। शिल्प के स्वदेश की बिना जुती हुई इस जमीन पर नयी फ़सल उत्पन्न करने का पूरा कृतित्व मात्र एक व्यक्ति का है, और उसका नाम है—*उदय शंकर*।

उदय शंकर चौधुरी ने अपनी वय:सन्धि की उम्र में ही एक चित्रकार होने का लक्ष्य बना लिया था। बचपन से ही चित्रांकन में उनका हाथ बहुत निपुण था। मुम्बई के 'सर जे.जे. स्कूल ऑफ़ आर्ट एण्ड आर्किटेक्चर' में

चित्रकला का कोर्स कर विलायत चले गये थे। 'रॉयल कॉलेज़ ऑफ़ आर्ट्स' में नयी तरह से उनके कला-शिक्षण का जीवन प्रारम्भ हुआ। यहाँ पर उन्हें बड़े दुलार के साथ अपने नज़दीक खींच लिया रवीन्द्रनाथ के मित्र और उस कॉलेज़ के अध्यक्ष सर विलियम रोथेंस्टाइन ने। धनी परिवार के प्रतिभावान तरुण वय के उस लड़के ने विलायत में कितने दुरन्त जीवन-यापन का अभ्यास किया था। महीने के तीसों दिनों में तीस महँगे सूट, हाथ में रोज़ टिपूड अब्दुल्ला सिगरेट, आकृष्ट महिलाओं के विवाह-उत्सवों में बैठना—इस तरह की उच्शृंखल जीवन यात्रा ही इस तरुण का असली परिचय नहीं है। अपने काम के प्रति उसकी निष्ठा असाधारण थी। उस समय समकालीन यूरोप में शिल्प आन्दोलन की अनेक तरंगें उठ रही थीं। चित्रकला में आधुनिकता की नित्य नयी भाषायें उत्पन्न होती जा रही थीं। क्यूबिज़्म, सुर्रियलिज़्म, इम्प्रेशनिज़्म, पैचवर्क-कला के इन सब रूपों और शैलियों पर बड़ी सहजता से ही अपना हाथ पक्का कर लिया था, इक्कीस-बाईस वर्ष के उस भारतीय तरुण ने। चित्रांकन में उसकी दक्षता इतनी अधिक थी कि पाँच वर्ष का कोर्स उसने दो वर्ष में ही पूरा कर लिया था। शिल्पकला के श्रेष्ठ छात्र 'प्रिदरोस' अथवा 'प्राइज़ ऑफ़ रोस' का सम्मान पाकर रोम में जाकर कला शिक्षा का अवसर उन्हें मिल गया था। इनका पूरा ख़र्चा ब्रिटिश सरकार उठाती थी। उदय को 'प्रिदरोस' वृत्ति के लिए चुन लिया गया।

छात्रावस्था की यह कहानी उनके ही मुँह से सुनते-सुनते ('स्मृतिकथा', एक्षण, शारदीय संख्या १३८२ बंगाब्द) हमें यह अनुभव होगा कि यह तरुण एकदम डूबा हुआ है पश्चिमी शिल्प कला के ऐतिह्य में और इसने यूरोपीय कला-संस्कृ ति के विकास-पर्वों का पूरी तरह अनुशीलन कर डाला है। उसके मन की त्रिसीमा में भी कहीं न तो भारतवर्ष था और न स्वदेश था।

इसी समय उसे अपने पितृतुल्य शिक्षक रोथेंस्टाइन की ओर से ही प्रबल आघात लगा। उस ज्ञानांजन की कथा उदय शंकर ने ख़ुद ही कही है, "सर रोथेंस्टाइन ने हँसते हुए मुझे बैठने को कहा, फिर बोले, 'तुम्हारा काम मैंने देखा है। तुमने बड़े बढ़िया तरीक़े से उस पर अधिकार किया है। वैसे तो तुम भारतवासी हो किन्तु, शायद तुम्हें अपने देश के बारे में ठीक जानकारी नहीं है। मैंने भारत में आठ-नौ वर्ष बिताये हैं। रवीन्द्रनाथ ठाकुर को मैं

जानता हूँ। तुम्हारे देश की अपूर्व मिनियेचर पेंटिंग्स मैंने देखी हैं, राजपूत चित्र सम्भार, विख्यात मुग़ल चित्रकला, सूक्ष्मता, उत्कर्ष और सौन्दर्य में वे कितने उच्च स्तर की हैं, इन सब पैचवर्क, इम्प्रेशनिज़्म, क्यूबिज़्म आदि चित्र शैलियों से। तुम्हारी अजन्ता-एलोरा की कला के बारे में सोचते ही कितना विस्मय होता है। शायद तुमने उन सबको देखा नहीं है, इसीलिए तुम्हारे मन पर यहाँ के तत्कालीन, सामयिक कला आन्दोलनों ने अपना प्रभाव जमा रखा है। किन्तु उदय, तुमसे मेरा अनुरोध और आदेश यह है कि तुम अपनी प्रतिभा, उद्यम और पारदर्शिता लेकर अन्ततः उस व्याधि के जबड़ों में पीड़ित मत होओ और इस व्याधि को अपने देश में मत ले जाना। भारतवर्ष की चित्रकला का अनुशीलन ही तुम्हारा मुख्य काम होना चाहिए उसकी उन्नति की चेष्टा करना और विश्व के समक्ष उसे प्रस्तुत करना।' ('एक्षण' में प्रकाशित 'स्मृति कथा' पृष्ठ ३९)। यह एक प्रत्याशित आदेश की ही तरह था। इसके अलावा तो और कुछ निर्देश देना सम्भव ही नहीं था। मानसिक रूप से प्रवास और पराये देश में बने रहने से वापस आने के उपक्रम में, स्वदेश को समझने के लिए लाइब्रेरी में जाकर दिन-पर-दिन भारतीय चित्रकला के अलबम-पर-अलबम देखने का दौर बहुत दिन तक चलता रहा। उस समय वे भारतवर्ष को आख़िर पहचानते ही कितना थे। घर लौटने की उनकी यह विवशता, यह गरज बहुत कुछ माइकेल मधुसूदन दत्त के जीवन के साथ और मिलती है अमृता शेरगिल के साथ। अमृता ने बचपन से ही यूरोप में कला की शिक्षा प्राप्त की थी हंगरी में, किन्तु उसकी शिल्पमुक्ति की अभिज्ञता भारत में आकर ही पूरी होती है, भारत की गर्मी और धूप, ताप में।

किन्तु उदय शंकर के जीवन में एक दूसरी धारा के कारण बहुत बड़ा मोड़ आया, उसी समय जब वे विलायत में ही रह रहे थे। नितान्त अशिक्षित पटुतापूर्वक लंदन में रह रहे भारतवासियों के किसी-किसी अनुष्ठान में वे नृत्य प्रस्तुत किया करते थे। अप्रशिक्षित पटुत्व होने पर भी उनकी उद्‌भावना और प्रस्तुति दर्शकों में यथारीति विधायात्मक प्रतिक्रिया उत्पन्न कर देती थी। धीरे-धीरे इस क्षेत्र में उनकी थोड़ी-बहुत ख्याति भी फैलने लगी। उनके लिए यह एक नया जगत् था—उनके पिता श्यामशंकर ही उदय को नृत्य की गति-भंगिमा और पदनिक्षेप के प्रयोग-परीक्षण में उत्साह देते थे। एक दूरगामी प्रभाव डालने वाली घटना घट गयी। निर्मलचन्द्र सेन की

पत्नी मृणालिनी सेन ने (रोथेंस्टाइन ने नहीं) उदय शंकर का परिचय विख्यात नृत्यांगना अन्ना पावलोवा के साथ करा दिया। पावलोवा ने इतने सुन्दर, सुघड़ युवक को नृत्यपुरुष के रूप में ही चिह्नित किया था। और अपने दल के अनुष्ठानों में योग देने का आग्रह किया। यह एक प्रबल दुतरफ़ा खिंचाव था। चित्रकार बनने के लिए उनकी किशोरावस्था से ही तैयारी और डाइंसवान बैले की किंवदन्ती—प्रतिम नर्तकी अन्ना पावलोवा का उदार आह्वान। सिर्फ़ उनके भीतर ही नहीं, अध्यक्ष रोथेंस्टाइन और पावलोवा में भी वैसा ही संघर्ष हुआ। रोथेंस्टाइन ने पावलोवा से कहा, "उसका (उदय शंकर का) मानो जन्म ही चित्रांकन के लिए हुआ है।" पावलोवा बिना किसी द्विविधा के कहा करती थी, "उसकी सारवत्ता नृत्य के लिए भी है।" श्यामशंकर इस बैठक में उपस्थित थे। उन्होंने सीधे-सीधे उदय शंकर से ही पूछा—उदय शंकर ने सिर झुकाकर कहा, "मैं डांसिंग को ही अपनाना चाहता हूँ।"

यह चुनाव सावधानता और सम्मान से भरा हुआ था, जिसके कारण आधुनिक भारत की शिल्पकला के एक अनजुते क्षेत्र में एक उज्ज्वल प्रतिभा की अप्रतिहत आत्मप्रतिष्ठा सम्भव हुई और उसी के आत्मविकास के कई चरणों में आधुनिक भारतीय नृत्य-कला के नये इतिहास की रचना सम्भव हो सकी। यहाँ मैं उस इतिहास में नहीं जा रहा हूँ। यहाँ पर यह उल्लेख किया जा सकता है कि अन्ना पावलोवा के प्रभाव से ही नृत्य-कला में उनके आत्मविकास ने गति पकड़ी थी। बैले की प्रकाश-महिमा पर यूरोप में रहते समय ही अधिकार करने का उन्हें सुअवसर मिल गया था। आर्केस्ट्रा अथवा वृन्दवाद्यों के साथ नृत्य में सहभागी होने में जो कौशल दिखाया जाता है, वह भी निश्चित रूप से उनके अधिकार में आ गया था। स्वयं भी वे कई वाद्ययन्त्र बजाना जानते थे। यह शिक्षा लेकर वे भारत लौट आये। रोथेंस्टाइन ने उन्हें स्वदेश की ओर मोड़ दिया था, किन्तु चित्रकला ने नहीं, नृत्य ऐतिह्य का आविष्कार करने का जो श्रम से भरा दुरूह पथ था उसी ने उन्हें खींच लिया था। नृत्य के स्वदेश खोजने के लिये उदय शंकर ने जो अभियान चलाया था, उसका सही ब्यौरा देने लायक कुछ व्यक्ति हमारे बीच आज भी विद्यमान हैं। उनके पास अगर हम जायें तो हमें यह जानने को मिलेगा कि किस तरह से अपने निजी नृत्यदल को लेकर वे पूरे भारत में घूमते रहे थे। इस अभियान में उन्हें जिस अंचल में

जो भी विशिष्ट सृजन मिला, फिर वह चाहे शास्त्रीय नृत्य से सम्बन्धित हो या लोकनृत्य से—अपने दल के लड़के-लड़कियों के द्वारा उसे ही ग्रहण कर लिया। यह था एक प्रकार से समीक्षण और शिक्षा प्राप्त करने का अक्लान्त अभियान। अथवा कभी उन्होंने किसी मन्दिर में अंकित प्रतिमाओं को देखा। इसी प्रकार के एक पैनल में उन्हें नृत्यमुद्राओं में उत्कीर्ण १६ नारी मूर्तियाँ देखने को मिलीं। सूक्ष्म निरीक्षण के बाद उदय शंकर को पता चला कि ये अलग-अलग १६ नारी मूर्तियाँ न होकर एक ही स्त्री की नृत्यरत १६ अलग-अलग मुद्राएँ उस दीवार पर उत्कीर्ण हैं। उस दीवार पर नृत्य का जो काम था, वह अत्यन्त दुरूह था, उस प्रतिमा की सोलह नृत्य-मुद्राओं को उदय शंकर के दल की सोलह लड़कियों ने अपनी-अपनी देह मुद्राओं में उतार लिया। फिर उनके अंगों में जो लचीलापन था, उसी को लेकर भंगिमाओं को बनाना और मिटाना चलता रहा। इस प्रकार एक-एक लड़की की छँटनी होती गयी। फिर उन्होंने अन्त में एक ही लड़की को प्रतिमा के 'कम्पोज़ीशन' के छन्द में स्थिर रखकर नृत्य की मुद्रा और उसकी अभिव्यक्ति के मान-परिमाण का हिसाब निकाला। श्रद्धेया अमला शंकर अगर इन सब स्मृतियों को पुन:जगायें तब वे यह बता सकती हैं कि वास्तविक 'रिसर्च' किसे कहते हैं। शृंखलाबद्ध छात्र-छात्राओं के अनुसार कितनी निर्ममता से उन्हें काम करना पड़ता था। इसी तरह उदय शंकर ने नृत्य के भारतवर्ष को दीर्घ परिश्रम और अटूट निष्ठा के द्वारा खोजा था। और उसी अभियान में एक धनी घर के विवाहित बेटे ने दीर्घ औपनिवेशिक शासन के दबाव से विध्वस्त स्वदेश के यथार्थ का प्रत्यक्ष अनुभव किया था। उन्हें धनी व्यक्तियों की दौलत के बारे में पता था, इस बार उन्होंने धन पैदा करने की जो प्रक्रिया देखी, वो एक श्रमिक को क्रीतदास में परिणत कर देती है। उन्होंने शोषित व्यक्तियों का विद्रोह भी देखा। उनके अनुभव में आया—युद्ध का आतंक, दुर्भिक्ष किस तरह से देश के नैतिक मेरु को भंग कर रख गया है। भयंकर बेकारी, शिक्षित होने पर भी लड़के-लड़कियों को अन्न जुटाने का कोई साधन ही नहीं मिल रहा है। तीस और चालीस के दौर के इतिहास का पथ जिन्होंने पैदल चलकर पार किया है ऐसे अनेक शिल्पी साहित्यकारों की कृतियों में शासक और शासितों और समाज के विभिन्न वर्गों में चलने वाला द्वन्द्व दिखायी दिया है। उन्हें चाहे मार्क्सवाद का पता हो या न हो। एक शिल्पी की दृष्टि राजनीतिक, अर्थशास्त्रीय मापदण्ड की अपेक्षा अत्यन्त निर्भ्रान्त

भाव से सत्य को ग्रहण कर सकती है, इस बात को लेकर आज तर्क तो उठता नहीं है। एक शिल्पी का यह धर्म, अचूक दृष्टि उदय शंकर में जन्मजात थी। इसीलिए उन्हें पुराणों की विषयवस्तु को लेकर हो अथवा 'लेबर एण्ड मशीन' या 'कन्वोकेशन डांस' जैसे विषयों को लेकर हो, उन्हें सामूहिक प्रतिवाद को लेकर नृत्यविन्यास की रचना करनी ही पड़ती थी। अभिज्ञता का दबाव उनकी सृष्टि के ध्यान में नये विषय को संहत रूप में विन्यस्त कर ही देता था। अपनी विराट योजना में एक-एक कम्पोज़ीशन को खड़ा करना पड़ता था—सिर्फ़ देसी वाद्ययन्त्रों से निर्मित आर्केस्ट्रा, उन कम्पोज़ीशनों के अन्तर्गत द्वन्द्वपूर्ण यथार्थ को, यथार्थ के संघर्ष और संघात को श्रुति के माध्यम से प्रतिष्ठित कर देता था।'प्रोसेनियम' मंच की कोरियोग्राफी में उनकी अमिट शक्ति की प्रबल अभिव्यक्ति, कलात्मक अभिव्यक्ति देखने की अभिज्ञता आज के उम्रदराज कई रसिकजन याद कर सकते हैं। और यह जो शिल्प का, सृजन का विराट कर्मकाण्ड था, इसको संगठित रूप देने के लिये, इसके सिलसिले को बरकरार रखने के लिए एक बड़े प्रयोग केन्द्र की, एक शिक्षा केन्द्र की आवश्यकता थी। इसीलिये कितने प्रयत्नों के बाद उन्होंने अल्मोड़ा में 'उदय शंकर कल्चर सेंटर' की स्थापना की थी (१९३९)। नृत्य-कला में भारतीय आधुनिकता की एक शक्तिशाली भाषा की उन्होंने रचना कर डाली थी। नृत्य शैली की शिक्षा के विकास के द्वारा उस भाषा को देश में प्रचलित करने के लिए किसी-न-किसी संस्थान की रचना करनी ही पड़ती है। फिर जैसा कि प्रत्याशित था, धन के अभाव में वह कला केन्द्र फिर बन्द भी हो गया। समाज के व्यापक समर्थन का अभाव भी उसमें एक कारण था। उस समय राष्ट्र के समर्थन का प्रश्न अवान्तर था। स्वाधीनता के बाद भी उसकी कोई ज़रूरत महसूस नहीं की जा रही थी। यह आघात बहुत ही मर्मान्तिक था, फिर भी उदय शंकर को तोड़ नहीं सका। उनकी सृजनशीलता भी थमी नहीं। दल भी नहीं टूटा।

यह एक शिल्पी का जीवन है, आज ऐसा लगता है दुर्दशाग्रस्त भारत की सारी करुण अभिज्ञताओं और विद्रोही चेतना की एक परिणति है। अपनी अभिज्ञता में वे सच्चे स्वदेश को खिन्नता, सम्मानहीन दलित के रूप में, फिर अपराहत मनुष्यत्व की महिमा के रूप में धारण कर सके थे। अपने समकाल के स्वरूप को पहचानने में उन्होंने भूल नहीं की थी। तो फिर ऐसे

सचेत, आधुनिक मनुष्य का व्यक्तिगत जीवन ही अपने काल का प्रतिबिम्ब हो जाता है, इतिहास का सच्चा प्रतिबिम्ब। कोई ऐसी अनुभूति शिल्पी उदय शंकर को प्रेरित करती रहती थी, जिसके कारण वे नृत्य-योजनाओं में अपने को केन्द्र में रखते थे और एक-एक योजना के द्वारा अपने आधारभूत विषयों को विभिन्न मात्राओं में जीवन के सत्यासत्य को व्यक्त करते थे। इन सबका केन्द्रीय पुरुष स्वयं उनका शिल्पी मनुष्य रहता था। परिपार्श्व के सभी उद्यत अभिघातों के सामने खड़े होकर उसी को पुरुषार्थ दिखाना पड़ता था। इसीलिए उदय शंकर अपने को भी केन्द्रीय विषय बना लेते थे, कभी नटराज और कभी एक विद्रोही मज़दूर। अपने दैहिक प्रतीक, अंग-प्रत्यंगों और पेशियों की अभिव्यक्तिमय मुद्राओं अथवा छन्द-लय पूर्ण स्पन्दनों में हमें उनके व्यक्ति स्वरूप के आधार पर आधुनिकता के प्रकाश में इतिहास-पुराण की नयी व्याख्या अथवा साम्प्रतिक पूँजीवादी व्यवस्था के शोषण और पूर्ति की जटिलता के कारण युद्ध और पीड़ित मनुष्य के जीवन की छबि मिलती है। ऐसा एक समर्थ शिल्पी ही कर सकता है जिसमें प्राचीन ऐतिह्य और वर्तमान दोनों ही गहरी अर्थवत्ता के साथ मिल सकते हैं। उदय शंकर को लेकर ही उनका शिल्प जगत् था, उदय शंकर के बिना उनके शिल्प जगत् की कोई सत्ता ही नहीं थी, न उसकी कोई नींव ही रखी जा सकती है। इसलिए यह आरोप ही अर्थहीन है कि उदय शंकर अपने को बड़े रूप में दिखाने में ही बहुत व्यस्त रहते थे।

'कल्पना' फ़िल्म के सम्बन्ध में जाँ रिनोयार का कहना था—''हमारे इतिहास के लेखकगण उदय शंकर की 'कल्पना' (१९४८) फ़िल्म की उपेक्षा ही करते आये हैं। वे सोचते थे यह उनके किसी नृत्य अनुष्ठान के वृत्तचित्र जैसी रचना है। उन्होंने विचार कर यह नहीं देखा कि किस प्रेरणा से उदय शंकर बीसवीं शताब्दी में उत्पन्न, सभी कलाओं में तुलनात्मक रूप से प्रभाव विस्तार की दृष्टि से अत्यन्त प्रबल और श्रेष्ठ, चलचित्र के इस माध्यम को लेकर काम करने आये। चलचित्र की शुद्ध भाषा, दृश्य और ध्वनिबिम्बों को लेकर उन्होंने प्रयोग किये। सभी दृष्टियों से पूर्ण एक फीचर फ़िल्म का निर्माण किया, जो उनके आधुनिक चिन्तन की फसल थी।''

ऊपर के अनतिविस्तृत कथन से यदि एक शिल्पी मनुष्य के चरित्र की छबि थोड़ी स्पष्ट हो गयी हो तो फिर यह समझ में आ जायेगा कि एक

शिल्पी के हिसाब से किसी नये प्रयोग-परीक्षण का आह्वान आता है तो उसका प्रत्युत्तर देने में उदय शंकर को न तो कोई हिचक होती थी और न उनमें किसी तरह के साहस का अभाव था। यह तो समझा ही जा सकता है, छात्रावस्था में ही, बचपन के किस काल में राजस्थान के देहाती नृत्य की स्मृति को पार कर, काम चलाने जैसे कम्पोज़ीशन को करने में उन्हें कोई बाधा महसूस नहीं हुई। इसी तरह से लंदन प्रवास के दौरान नृत्य के किसी प्रशिक्षण के बिना ही भारतीय शैली के नृत्य को प्रस्तुत कर एक भिन्न ढंग के सृजन का उन्होंने स्वाद पाया था।

यह सोचा ही जा सकता है कि इस प्रखर सम्वेदनशील तरुण ने यूरोप में अनुभव संचित करने के दौरान हलचल मचाने वाले सिनेमा के श्रेष्ठ कार्यों के साथ परिचित होने का सुअवसर पाया ही था। फ़िल्म माध्यम और फ़िल्म के साथ नृत्य-कला का क्या सम्बन्ध है इस विषय को लेकर उनका एक महत्त्वपूर्ण निबन्ध हमें मिलता है। उसका शीर्षक है : 'द मैसेज ऑफ़ डांस इन फ़िल्म्स' (फ़िल्मों में नृत्य का संदेश क्या है?) दिल्ली में १९५५ में संगीत नाटक अकादेमी द्वारा आयोजित एक सेमिनार में उदय शंकर ने यह निबन्ध पढ़ा था। भारतीय सिनेमा में नृत्य के व्यापक प्रयोग के अच्छे-बुरे पक्षों की समीक्षा शुरू करते हुए अपनी प्रस्तावना में एक कला माध्यम के रूप में फ़िल्मों की असीम शक्ति और सम्भावनाओं के सम्बन्ध में बड़े साफ़ शब्दों में कहा था—"फ़िल्म विराट संख्या वाले मानव समुदाय तक पहुँचने का एक अचूक माध्यम है—फ़िल्म सिर्फ़ मनोरंजन प्रदान करने का माध्यम भर नहीं है, फ़िल्मों के द्वारा मनुष्य जीवन का गम्भीर भाष्य पा सकता है। इसलिए फ़िल्म माध्यम के व्यापक सदुपयोग के द्वारा राष्ट्र के प्रति अपने कर्तव्य का अच्छी तरह पालन किया जा सकता है।"

यह स्पष्ट उक्ति अवश्य ही यूरोप भर के सिनेमा की महान फ़िल्मों के बारे में अपने प्रत्यक्ष अनुभव से उत्पन्न हुई थी। हमारे आधुनिक शिल्प-संस्कृति के पुरोधा पुरुषों में रवीन्द्रनाथ के बाद शायद समकालीन विश्व की संस्कृति, गतिप्रकृति के बारे में उदय शंकर की ही अभिज्ञता सबसे व्यापक थी। बीसवीं शताब्दी के एक विशेष दशक से फ़िल्मों में चौंकाने और मनोरंजन प्रदान करने के सामान्य उद्देश्य को अतिक्रान्त कर सर्वोत्तम और सर्वशक्तिशाली कला माध्यम के रूप में इसके प्रयोग-परीक्षण और

निर्माण करने की भावना धीरे-धीरे फैलती चली गयी। अत्यन्त महत्त्वपूर्ण इस घटना के प्रति उदय शंकर उदासीन रहे हों ऐसा सोचा नहीं जा सकता है। बल्कि अपना हाथ आजमाने के लिए उन्होंने कहीं से एक मूवी क़ैमरा प्राप्त कर लिया—वह आज भी उनके परिवार में सुरक्षित है, ऐसा मुझे पता है। बाद में इसी क़ैमरे से 'शंकरस्कोप' का काम होता गया—यह जानकारी मुझे बाद में क़ैमरामेन महेन्द्र कुमार ने दी।

'कल्पना' फ़िल्म का पाठ जो लोग एक छात्र की निष्ठा से करेंगे, उन्हें पता चलेगा कि प्रारम्भ में ही उस फ़िल्म में अँग्रेज़ी में लिखा हुआ एक वृत्तान्त है, अगर इस फ़िल्म में प्रवेश करना हो तो इस विवरण की ही बड़ी सतर्कता से विवेचना करनी पड़ेगी। अँग्रेज़ी में लिखे गये उनके परचे 'वृत्तान्तर' के इस अंश का अनुवाद कुछ इस प्रकार होगा :

> आप सब दर्शकों से मेरा अनुरोध है कि लीक से हटकर इस फ़िल्म, एक फंतासी मूलक चलचित्र को देखते समय आप बहुत सतर्क रहें।
>
> इस फ़िल्म में दर्शायी गयी कुछ घटनायें इतनी तेजी से घटित होंगी कि अगर उनमें से किसी अंश को आपने छोड़ दिया, तो आप अपने देश की राजनीति, धर्म, शिक्षा, समाज, कला, संस्कृति, कृषि और उद्योग से सम्बन्धित जीवन के एक प्रमुख पक्ष से ही वंचित हो जायेंगे?
>
> देश के किसी विशेष समुदाय अथवा किसी सामाजिक संस्था की जानबूझकर आलोचना करने का मेरा उद्देश्य नहीं है, किन्तु अगर इस फ़िल्म में वैसी कोई आलोचना आयी है तो उसका कारण है, वास्तव में समाज में वैसा घटित हो रहा है। इस सम्बन्ध में मुझे यही कहना है।
>
> एक कलाकार के नाते मेरा यह कर्तव्य है कि मैं अपने देश के जीवन की जो हालत है, उस सम्बन्ध में जो विचार हैं उनसे पूरी तरह वाकिफ रहूँ और उन्हें बड़ी सच्चाई के साथ उनके बुरे और अच्छे पक्षों को कला के माध्यम से प्रस्तुत करूँ।
>
> और मुझे आशा है कि आप लोग मेरे इस अन्तिम उद्देश्य के साथ एक होंगे कि हमें अपनी कमियों को दूर कर अपनी सांस्कृतिक विरासत के योग्य बनना चाहिए और इस प्रकार अपनी मातृभूमि को एक बार पुनः विश्व में श्रेष्ठ बनाना चाहिए। —उदय शंकर

इस वक्तव्य को पढ़कर यह समझ में आ जायेगा कि शौकिया कोई फ़िल्म बनायी जाय ऐसे किसी हल्के उद्देश्य से प्रेरित होकर उदय शंकर ने इस

काम में हाथ नहीं लगाया था। 'कल्पना' के इस काम को पूरा करने में दो बरस लग गये थे, देश को स्वतन्त्रता मिलने के बाद इसे प्रदर्शित किया जा सका था—१९४८ में। भारतीय इतिहास के एक क्रान्तिकाल में एक श्रेष्ठ, मनस्वी शिल्पी की रचना है 'कल्पना'। इसका उद्देश्य, अत्यन्त स्पष्ट है। वैसे उन्होंने बनायी तो है एक फन्तासी, किन्तु उनकी दृष्टि स्वदेश के यथार्थ पर केन्द्रित रही है, अपने देश के जीवन में जितने अपघात, जितने स्खलन और उच्च महिमा के प्रतीक हैं, उस सबको बड़े विश्वसनीय ढंग से अपनी फ़िल्म में समाविष्ट करने के लिये वे वचनबद्ध थे। इस घोषित संकल्प के द्वारा एक शिल्पी के रूप में उदय शंकर की दायित्व निष्ठा स्पष्ट हो जाती है। बड़े कष्टों के बाद उन्होंने भारत की मिट्टी और उसके सामान्य जन को पहचाना था। देश के प्रान्त-प्रान्त में घूमकर मानव का दुःख, उसका स्वप्न, उसकी वेदना, जीवन के आनन्द-उल्लास की कथा किस स्वर, शारीरिक भंगिमाओं के द्वारा किस छन्दबद्ध शैली में वे व्यक्त करते हैं, इसे उन्होंने जाना था। यूरोप की आधुनिक संस्कृति के प्रत्यक्ष अनुभव में परिपक्व एक शिल्पी अपने दुर्दशाग्रस्त निजी देश के जीवन की यात्रा पर निकल पड़ा। और नृत्य-कला में आधुनिकता की देशी ज़मीन तैयार करने के काम में पूरी तरह लगे रहने के कारण वे धीरे-धीरे यह सोचने लगे कि अपनी कला की पहचान अधिक लोगों को कराने के लिये आजकल के सबसे शक्तिशाली माध्यम फ़िल्म के कौशल का उन्हें उपयोग क्यों नहीं करना चाहिए। काफ़ी समय बाद इस भावना को उन्होंने बड़ी साफ़-साफ़ भाषा में व्यक्त किया था। यह अँग्रेज़ी निबन्ध के अन्तिम अनुच्छेद से अनूदित है, "मेरा आपसे हार्दिक अनुरोध है कि आप संगठित होकर सचमुच में कुछ अद्‌भुत करने का दृढ़ संकल्प करें। और इस प्रकार दूसरे देशों के चलचित्र जगत् के सामने एक उदाहरण प्रस्तुत करें। इस प्रकार हमें यह सिद्ध कर देना चाहिए कि भारत अपने चलचित्रों के माध्यम से कुछ मौलिक, कुछ अच्छा दे सकता है और इस प्रकार चलचित्रों और अपनी नृत्य-कला के द्वारा मानवता की सेवा कर सकता है" (फ़िल्मों में निहित नृत्य का सन्देश)।

उनका यह वाक्य हमें याद दिला देता है कि १९५५ के इसी वर्ष 'पथेर पांचाली' फ़िल्म, बनी। इसके माध्यम से यह प्रमाणित हो गया कि चलचित्रों में कुछ मौलिक प्रदेय की क्षमता भारतवर्ष में है।

'कल्पना' १५४ मिनट की फ़िल्म है। एक परियोजना के हिसाब से बहुत बड़ी। श्वेत-श्याम में बनायी गयी फ़िल्म के क़ैमरामेन थे—के. रामनाथ। संगीत निर्देशक थे—रामनाथ शिराली। इसके गीतों की रचना की थी सुमित्रानन्दन पन्त ने। फ़िल्म की भाषा हिन्दी है। फ़िल्म में कहानी का ब्यौरेवार एक ढाँचा है। एक असाधारण नृत्य-शिल्पी की बचपन से आरम्भ कर पूरी कहानी बतायी गयी है। उदयन नामक एक लड़के के जीवन की इस कहानी को बेचने के लिए एक फ़िल्म-निर्माता के पास एक लेखक आता है। काफ़ी आरजू-मिन्नत के बाद वह निर्माता कहानी सुनने को राजी होता है। वह कहानी शुरू होती है फ़िल्म के दृश्यों में विन्यस्त। फिर कहानी ख़त्म हो जाती है। परेशान प्रायोजक (निर्माता) उठ खड़ा होता है और कहता है कि इस कहानी पर कोई फ़िल्म बनायी ही नहीं जा सकती है। फिर वह लेखक को धक्का मार कर अपने कमरे से बाहर निकाल देता है। और उसकी पाण्डुलिपि को फाड़कर फेंक देता है। वह बेचारी धूल में पड़ी रहती है। कहानी के बाहरी स्तर पर लेखक और प्रायोजक निर्माता का संघर्ष है, मनोरंजन के बाज़ार के बाहर किसी भी तरह के निवेश के लिए प्रायोजक राजी नहीं है। अच्छा सिनेमा, अन्य धारा के सिनेमा से मूलधन भी वापस नहीं आता है—यह तो आज भी सत्य है। चलचित्र कला के एक मूल संकट की ओर संकेत करते हुए उदय शंकर ने इस फ़िल्म के आख्यान की शुरुआत की है।

कहानी के माध्यम से मूल कहानी शुरू होती है, उदयन नामक एक दुर्धर्ष बालक को लेकर। अनुशासन के आतंक में उस बालक का जीवन शुरू होता है, इसी में उसका कैशोर्य बीतता है। पढ़ने-लिखने की अपेक्षा मारपीट में उसका उत्साह अधिक है। उसका उत्साह चित्रांकन, नृत्य और गीत में भी है। थोड़ी सहानुभूति पाते ही, वह समझ जाता है कि उसके भीतर एक विशुद्ध शिल्पी विद्यमान है। फिर उसका मन छबि आँकने और नृत्य की ओर जाने लगता है। किशोरावस्था में उदयन के खेल की एक साथी थी, जिसका नाम था उमा। युवक उदयन उसको केन्द्र में रखकर सपना बुनने लगता है। उसे भी वह सम्पूर्ण कलाकार के रूप में गढ़ना चाहता है। उदयन (उदय शंकर) की साधना की सहयोगी है उमा (अमलाशंकर)। इस सम्बन्ध के बीच में आ जाती है एक और नारी कामिनी। इस प्रकार एक त्रिकोणात्मक प्रेम का संघर्ष प्रारम्भ हो जाता है।

कामिनी की तीव्र ईर्ष्या के माध्यम से इसकी अभिव्यक्ति होती है। उदयन पर उसका एकछत्र अधिकार का दावा अस्वाभाविक स्तर पर पहुँच जाता है। शिल्पी उदयन इस तिक्त स्वाद को सृजन की प्रेरणा के बल पर भूलने में समर्थ हो जाता है। यह एक-के-बाद एक नृत्य-रचना के द्वारा अपनी प्रतिभा रूपी शिखा को क्रमशः उज्ज्वल रूप में प्रज्वलित करता रहता है। इस निष्ठामय साधना में उसे उमा के समर्पित प्रेम से बल मिलता है।

उदयन विचार करता है इस तरह के टुकड़ों-टुकड़ों में विन्यस्त काम के द्वारा नहीं, इसके लिए एक सांस्कृतिक प्रतिष्ठान की रचना करनी होगी। वहाँ प्रतिभा-दीप्त लड़के-लड़कियों को शिक्षा प्राप्त होगी। उसमें साहित्य, संगीत, चित्रकला और नृत्य-कला—इन सबकी पूर्ण शिक्षा की व्यवस्था होगी। धीरे-धीरे उसका यह उद्देश्य एक शिल्पी की महत् साध की तरह हो जाता है। वह सोचता है एक शिल्पी आख़िर अपने देश को क्या दे सकता है। कोई बाहरी वस्तु नहीं, बाहरी सम्पत्ति नहीं, देश के लोगों को वह सम्वेदनशीलता दे सकता है, परिष्कृत रुचि दे सकता है। सुरुचि का अभ्यास दे सकता है। कलात्मक रुचि और शुद्ध आचार वाला व्यक्ति अपने समाज के साथ पूर्ण सामंजस्य स्थापित कर सकता है। भेदबुद्धि उसके लिए तब अवान्तर विषय हो जाती है। पूरा समाज एक शुद्ध चेतना के प्रकाश में नहा सकता है।

भारतवर्ष धर्म, सम्प्रदाय, विरोध, विद्वेष के कारण जिस समय छिन्न-विच्छिन्न हुआ जा रहा था, ठीक उसी समय उदय शंकर जैसे एक दायित्वशील व्यक्ति ने शुद्ध विवेकसम्पन्न शिल्पी के ध्यान और कल्पना के बक्तव्य के द्वारा शुभ चेतना से जीवन्त एक भिन्न-वास्तविक स्वदेश की रचना कर डाली थी। किन्तु, उनके इस स्वप्न-अभियान में कहीं जरा भी भावुकता को प्रश्रय नहीं दिया गया था, न उसमें कहीं तरल आवेग का संस्पर्श था। अपने शिल्पी जीवन के विघ्न और बाधाओं के द्वारा उन्हें जो अनुभव हुए थे, उन्हीं के माध्यम से वे लम्बी पराधीनता के कारण उत्पन्न देश की रुचि, प्रकृति और उसका नैतिक स्तर कितना गिर गया है इसे देख सके थे। सत्ता का केन्द्र जिनके अधिकार में था, उनकी आचारहीनता और दुश्चरित्रता उदयन को गम्भीर रूप से आहत करती थी। वे तीक्ष्ण व्यंग्य और आक्रमण के लक्ष्य बन गये थे। देश के भौतिक जीवन के साथ सम्बन्धहीन शिक्षा-व्यवस्था के विरुद्ध छात्र-छात्राएँ विरोध करते हैं

'कन्वोकेशन नृत्य' में। उस नृत्य में वे अपने डिप्लोमा को फाड़ कर फेंक रहे हैं। राजा, वजीर और आधुनिक बाज़ार तन्त्र के विरुद्ध उसमें प्रतिवाद है और प्रतिवाद है देश के सांस्कृतिक उपादानों को बाज़ार की वस्तु बना देने के विरुद्ध। प्रान्तीयता, जातपाँत, साम्प्रदायिक, प्रतिक्रियावादी शक्तियों के विरुद्ध 'उदय शंकर' निरन्तर आक्रमण करते रहे हैं। व्यंग्य, विद्रूप, हास-परिहास के द्वारा पूरी फ़िल्म में उज्ज्वल बुद्धि का प्रकाश झलकता रहता है। सिर्फ़ यही नहीं, एक निर्माता, निर्देशक के सारे कामों के मध्य अपने को स्थापित किया है किन्तु किसी युक्तिहीन भावावेग को उन्होंने कहीं भी प्रश्रय नहीं दिया है। अपने को अपनी ही रचना में एक निर्लिप्त समालोचक की भूमिका में रखा है। शिल्पी की स्वायत्तता को सृजन की प्रक्रिया से अलग रखना, उसमें ओत-प्रोत न होकर अपने को तटस्थ रखने की यह क्षमता ही एक शिल्पी के आधुनिक मन की पहचान है। शिल्पी मन की आधुनिकता की यह छाप 'कल्पना' के अंग-अंग से फूटी पड़ रही है। एक शिल्पी की ध्यान-धारणा और उसकी कल्पना को रूपायित करना भारतीय परिस्थितियों में कितना कठिन है—इसी बात को सिद्ध करने के सूत्र से समाज के सारे स्तरों पर व्याप्त यथार्थ चित्र को वे अपनी फ़िल्म में ले आये हैं। उनके विचारशील मन की दीप्ति उनकी प्रखर समाज चेतना और उनके प्रतिवादी स्वभाव में व्यक्त हुई है। इस फ़िल्म की आन्तरिक सारवत्ता क्या है, अगर कोई यह प्रश्न पूछता है, तो यह कहा जा सकता है कि ऊपर उद्धृत फ़िल्म की भूमिका के तीसरे परिच्छेद में जो कुछ कहा गया है, उसका अर्थ जो हो सकता है, वही इस फ़िल्म का साफ़-साफ़ सार समझना चाहिए। उदय शंकर का कहना है : "मेरा उद्देश्य जानबूझकर हर एक विशेष समुदाय और संस्थान की आलोचना करना था।" शुरू से ही 'कल्पना' अन्त तक एक प्रतिवादी फ़िल्म है।

एक नृत्यशिल्पी की जीवन कथा और उसके अनुभवों का निचोड़ लेकर फ़िल्म में नृत्य का दृष्टान्त आयेगा ही, यह तो सोचने की ही बात है। किन्तु, यह विचार के परे था कि फ़िल्म का आद्यन्त नृत्य-छन्द में आबद्ध है। प्रायोजक निर्माता के क्रोध की अभिव्यक्ति, एक लेखक की अनुनय-विनय, बालकों का दंगा-फसाद, शिक्षकों का निष्ठुर आक्रोश—ऐसे नितान्त यथार्थवादी शार्ट्स को उन्होंने स्वेच्छा से कलात्मक शैली में फ़िल्माया है, ऐसा लगता है जैसे उन्हें किसी नृत्यनाटिका के माध्यम से व्यक्त किया

गया हो। चाहे कोई एकदम गौण पात्र रहा हो अथवा कोई अत्यन्त गौण दृश्यों का अनुक्रम रहा हो, इन जगहों पर भी चलने-फिरने, अंग-प्रत्यंगों की गतिभंगिमाओं की छन्द-सुषमा पर बड़ी सतर्क दृष्टि से एक नियन्त्रण कायम रखा जाता था। सिर्फ़ आनुष्ठानिक नृत्य के दृश्यों को ही नहीं, दैनन्दिन नृत्य को भी उदय शंकर ने एक छन्द में बाँध रखा था। दृष्टि-सम्पन्न दर्शक यह समझ जायेंगे कि दृश्यों के ढेर से इस फ़िल्म को एडिट करने में कितनी सतर्कता से मात्रा-साम्य का प्रयोग किया गया है। आज ऐसा लग सकता है कि किसी-किसी दृश्य-क्रम को और भी संक्षिप्त रूप में रखा जा सकता था, 'सम्भवतः आज की फ़िल्मों के मापदण्ड के अनुसार लाने की दृष्टि से नये रूप में कुछ और 'एडिट' करने की ज़रूरत थी। किन्तु ऐसा कोई निर्देशक या एडीटर है भी जो पूरी फ़िल्म के छन्द-गत ऐक्य को बिना क्षति पहुँचाये उसमें काट-छाँट कर सकता हो? एडिटिंग करना तो अत्यन्त सम्वेदनशील काम है। और 'कल्पना' जैसी मात्राज्ञान के सूक्ष्मतम प्रयोग से गूँथे गये दृश्य और ध्वनिबिम्ब क्या जरा-से भी आघात को सहन कर सकेंगे! इस मात्राज्ञान की कला के हिसाब से 'कल्पना' पूर्णरूप से एक अखण्ड सृष्टि है।

इस फ़िल्म को लेकर वैसा विचार-विश्लेषण हुआ भी नहीं है। सम्भवतः उस एक ही कारण से नहीं हुआ है। फ़िल्म समीक्षा के इतिहास लेखकों ने यह मान ही लिया था कि 'कल्पना 'फ़िल्म तो नृत्य का एक वृत्तचित्र मात्र है। इस फ़िल्म में इस तरह के अनेक नृत्य हैं जिन्हें हम प्रोसेनियम थियेटर में देखते हैं। किन्तु चलचित्र की भाषा के सम्बन्ध में जो दर्शक जरा भी जानते हैं, वे समझ जायेंगे कि ऐसे ही उन्हीं प्रसिद्ध नृत्य रचनाओं को स्टेज से क़ैमरा में क़ैद कर क्या फ़िल्म में नहीं समाविष्ट कर दिया गया है। चलचित्र की रूपायन कला की दृष्टि से 'कल्पना' का मूल वैशिष्ट्य असम्भव की सीमा तक क़ैमरा का गतिशील काम है। के. रामनाथ उस समय के अन्यतम क्षमतावान प्रतिभावान क़ैमरामेन थे। 'कल्पना' फ़िल्म में आद्यन्त जो छन्दोमय गतिशीलता है, वैसा काम सिनेमा में अधिक नहीं हुआ है। पता चला है रामनाथ दिन-प्रतिदिन लगातार होने वाले रिहर्सलों में स्वयं उपस्थित रहकर दृश्यों के निर्मित होने वाले हर पर्व को अच्छी तरह समझ लेते थे। वास्तव में विषय में, आंगिकों में, चलचित्र की भाषा के अमोघ प्रयोग में 'कल्पना' जैसा काम—हमें सिनेमा देखने

की जितनी अभिज्ञता है, विश्व चलचित्रों में वैसा हुआ नहीं है।

'कल्पना' नृत्य-अनुष्ठान का वृत्तचित्रीकरण न होकर विशुद्ध फ़िल्म है। अव्यर्थ फ़िल्म की भाषा का काम है—तो फिर इसकी परीक्षा कर देखना चाहिए। जैसे एक दृश्य में हम देखते हैं कि उदयन सपने में एक आवाज़ सुनता है। वह जाग जाता है। दरवाज़ा खोलकर वह जैसे ही पैर बढ़ाता है, गहरे पानी में गिर पड़ता है। यमदूत जैसे उसे भूलवश पकड़ने आ जाते हैं। भूल समझ में आ जाती है। उदयन को नृत्य की दीक्षा दी जाती है। नृत्य परायण तीन स्त्रियों का आविर्भाव होता है जिनमें एक है उसकी साथ की नारी उमा (अमलाशंकर)। उदयन का पूरा अंग नृत्य से तरंगित हो उठता है। समूह नृत्य के दृश्य में उदयन का एक हाथ उसकी देह से उमा अलग कर लेती है। पर्दा भर में वही हाथ (उदय शंकर के उस असामान्य अभिव्यक्तिमय हाथ को, उसकी लम्बी उँगलियों को जिन्होंने कभी पास से देखा है, वे उस बाहु की महिमा को स्मरण कर सकते हैं) एक लयपूर्ण छन्द में आन्दोलित होता रहता है। नृत्य के विन्यास में उदयन के पास चली आती है उमा। उदयन उसका एक हाथ उसके शरीर से निकालकर अलग कर लेता है। देह से अलग किन्तु लय में स्पन्दित हाथ उदयन फ़र्श पर फेंक देता है। सजे हुए लाल वाद्य बोल निकालते-निकालते हमें दौड़ते हुए हाथ की तीव्रगति देखने को मिलती है। यह दृश्य धीरे-धीरे खड़े हुए त्रिस्तरीय विन्यास में विलीन होता रहता है। उदयन की नींद भंग हो जाती है। जिन्होंने 'कल्पना' एक बार भी देखी है या अवसर मिलने पर आगे देखेंगे—वे समझ जायेंगे कि चलचित्र के अलावा और किसी शिल्प की भाषा में इस दृश्य को प्रस्तुत किया ही नहीं जा सकता है। यह है चलचित्र-भाषा का अमोघ उदाहरण जिसका 'कल्पना' में बड़े साहस के साथ प्रयोग किया गया है और जिस प्रयोग के द्रष्टान्त से चलचित्र-जगत् में प्रवेश करने वाले सीख सकते हैं।

यहाँ तक कि नृत्य के जितने कार्यक्रम हम मंच पर देखते हैं जैसे मान लीजिये उनकी एक चिर-स्मरणीय सृष्टि 'लेबर एण्ड मशीन' है—ठीक उसी कम्पोजीशन का प्रयोग 'कल्पना 'में किया गया है। चलचित्र में पहचाने उन्हीं नृत्य दृश्यों का स्तर क़ैमरा में क़ैद करने के नैपुण्य से बदल जाता है। प्रोसेनियम मंच पर हम सिर्फ़ सामने से देखते हैं एक कारखाने के भीतर मज़दूरों की मेहनत, मालिकों की ज्यादती, अत्याचार और शासन,

थके मज़दूरों का असह्य पीड़ा से चलना-फिरना और अन्त में उनका विद्रोह। मानिकतला के छाया हॉल के मंच पर देखे इस कम्पोजीशन को अगर 'कल्पना' प्रस्तुतीकरण के साथ मिलाया जाय, तो हम अनुभव करेंगे कि प्रोसेनियम मंच के घेरे से अलग कर क़ैमरे में क़ैद करते समय उसी एक नृत्य का आवेदन भिन्न मात्रा में पहुँच जाता है। मंच पर जैसे एक ही दृष्टि किसी अनुष्ठान को एक ही दृष्टिबिन्दु से देखना पड़ता है, चलचित्र देखते समय वही दृष्टिबिन्दु क्षण-क्षण बदलता जाता है। आलोक के विन्यास में आता जाता है यान्त्रिकता के कारण तीक्ष्ण कौणिक विन्यास। विद्रोह के चरम क्षण में उदय शंकर स्टेज के सामने चले आते थे। दोनों बाहों को फैलाकर खड़े हो जाते थे दर्शकों की ओर पीठ फेरकर। उनकी तेज़ी से गतिशील पेशियाँ उन्मत्त विद्रोह की प्रतीक हो उठती थीं। आलोक की तीक्ष्णता और लेन्स की धारण क्षमता के कारण 'कल्पना' में दृश्यों का अभिघात अत्यधिक तीव्र हो जाता था। सब कुछ लिखकर समझाया नहीं जा सकता है। फ़िल्म के 'अध्ययन' के लिए, पाठ के लिए उसे धीमी गति से चलाकर ठीक तरह से यह दिखाया जा सकता है कि इस दृश्य के फ़िल्माने में क़ैमरे ने किस तरह से काम किया है। उस तरह से दिखाकर 'कल्पना 'फ़िल्म के अव्यर्थ चलचित्रत्व को प्रमाणित कर दिया गया है।

यहाँ पर एक बात का बड़े साहस के साथ मैं उल्लेख कर रहा हूँ। शम्भु मित्र के असामान्य कृतित्व 'रक्तकरबी' के प्रस्तुतीकरण को याद कीजिये। वही दृश्य— जिसमें राजा के दास पंक्तिबद्ध होकर निकलते आ रहे हैं, ऐसा लग रहा है जैसे उनके शरीर में अस्थिपंजर तक नहीं बचा है। वे सिर्फ़ आदत और भय के कारण चल पा रहे हैं। इस दृश्य को देखकर ऐसा लगा था जैसे 'कल्पना 'में मज़दूरों की न्यूज़ रील चल रही हो। शम्भु मित्र ने इस कम्पोजीशन को क्या 'लेबर एण्ड मशीन' से ग्रहण किया था।

'कल्पना' की बात छोड़िये। 'लेबर एण्ड मशीन' के दृश्यों में नृत्य का छन्द पार्श्व संगीत की अनवरत आवाज़ सब हू-ब-हू यन्त्र की गति-भंगिमा और कान के पर्दों पर तीव्र आघात करने वाली हैं। यह संगीत क्या चार्ली चैपलिन की 'मॉडर्न टाइम्स' के किसी-किसी दृश्य की हमें याद नहीं दिला देता है?

'कल्पना' के दृश्यों को तोड़-तोड़ कर दिखाया जाता है। सिनेमा के अलावा और किसी माध्यम से इस कलात्मक वस्तु की सृष्टि नहीं की जा

सकती थी। और सिनेमा की रचना के हिसाब से ही 'कल्पना' एक विस्मयकर वस्तु बन गयी है। इसका कारण है पूरी तरह भिन्न एक परिष्कृत शिल्प की भाषा, नृत्य की भाषा को, चलचित्र में पूरी तरह से ग्रस लेने के लिये पहले से निश्चित एक उपादान के रूप में प्रयोग करने का ऐसा विरल दृष्टान्त चलचित्र के इतिहास में दूसरा नहीं है।

इसके साथ यह भी उल्लेख करना होगा कि उदय शंकर ने ऐसे रचनाकार-मण्डल का गठन कैसे किया था। विष्णुदास सिराली के संचालन में आर्केष्ट्रा का सहयोग, वह समग्र सांगीतिक संयोजन जिसके साथ जुड़े हुए थे बाबा अलाउद्दीन खाँ साहब, तरुण रविशंकर जैसे व्यक्ति—इस तरह की संगीत सम्पदा का इतने विराट रूप में हमारे सिनेमा में बहुत अधिक प्रयोग नहीं किया गया है।

देश की मिट्टी में अपनी जड़ें फैलाकर, देशी जीवन के संकट और उसकी महिमा के समग्र मूल्यांकन के लिये उसकी प्राण-वस्तु को केन्द्र में रखकर उदय शंकर ने 'कल्पना' में जो काम किया था, उसे भारतीय सिनेमा में पहली आधुनिक मन की रचना के रूप में चिह्नित करना ही पड़ेगा। ऐसा होने पर हमारे आधुनिक सिनेमा का प्रारम्भिक काल सात-आठ वर्ष पीछे चला जायेगा—१९५५ से १९४८ में।

ज्याँ रेनुआँ का मंतव्य याद आता है। उन्होंने कहा था—"इस छबि में उदय शंकर की असाधारण प्रतिभा सर्वत्र दीप्त हो रही है, किन्तु वे अपने को प्रदर्शित करने में बहुत व्यस्त रहते हैं। शिल्पी में और भी विनय होना चाहिए।" रेनुआँ ने फ़िल्म के उत्कर्ष को ठीक ही लक्षित किया था। किन्तु, इस फ़िल्म में शिल्पी के विनयी होने का प्रश्न अत्यन्त गौण है, कारण, 'कल्पना' फ़िल्म में उदय शंकर ने अपने जीवन को ही विषय के रूप में चुना था। सबसे बड़ी बात यह है कि अपने जीवन को लेकर फ़िल्म की सृष्टि, इस चलचित्र में किसी आत्मदया की भावना की वजह से नहीं हुई है, अपने को लेकर उदय शंकर ने किसी भावुकता का भी प्रदर्शन नहीं किया है। अपने व्यक्तित्व को तटस्थ रखकर पूरी तरह से एक निर्लिप्त व्यक्ति ने एक शिल्पी के काम को अंज़ाम दिया है।